Mein Bruder Ismail

Erinnerungen an die Türkei

von

Annemarie Schimmel

ÖNEL VERLAG

CIP-Kurztitelaufnahme der Deutschen Bibliothek
Schimmel, Annemarie:
Mein Bruder Ismail: Erinnerungen an die Türkei /
von Annemarie Schimmel.-1.Aufl.-Köln : Önel, 1990
ISBN: 3-924542-66-X

ISBN: 3-924542-66-X

Umschlag: Katzenfamile in der Gebetsnische der Rüstem Pascha Moschee, Istanbul,
Foto: Annemarie Schimmel

Satz und Umbruch: Referance Grafik & Werbeagentur, Köln
Druck: Önel Druck & Verlag, Köln

Vertrieb:
Önel-Verlag, Silcherstraße 13 , 50827 Köln,
Telefon 0221 / 587 90 84, Telefax 0221 / 587 90 04

In dankbarem Gedenken an

Niyazi Bademli, Ankara,
Mustafa Inan, Istanbul,
Ismail Mıhoğlu, Konya,

Nur içinde yatsınlar - mögen sie im Lichte ruhen!

Vorwort

Als ich 1959 von Ankara nach Deutschland zurückkehrte, dachte ich daran, meine Erlebnisse aufzuschreiben; aber noch war ich zu nahe an jenen Jahren, die für mich so entscheidend wurden, da sie mir Gelegenheit gegeben hatten, die Mentalität meiner türkischen Freunde, die tiefe Frömmigkeit der Muslime und die weite Landschaft der Türkei kennenzulernen.

Dann rückte die Türkei weiter und weiter in den Hintergrund, und nur gelegentlich gab es einen kurzen Besuch aus Anlass von Kongressen oder bei einer Vortragsreise; denn „gottgesandte Wechselwinde" trieben mich von Marburg nach Bonn und Harvard, und meine Reisen konzentrierten sich mehr und mehr auf Pakistan und Indien und, solange es möglich war, auf Afghanistan und Iran. Und zwischen1974 und 1988 besuchte ich die Türkei überhaupt nicht.

Als ich im Herbst 1988 zu Vorträgen und zur Entgegennahme eines Ehrendoktorates wieder in meine „alte Heimat" kam, war ich entsetzt über die Veränderungen, vor allem in den geliebten Ortschaften wie Konya. Doch bald fühlte ich, daß die Menschen noch ebenso warm und freundlich waren wie eh und je, und zahlreiche alte Freunde ließen mich das Gefühl, in einem fremden Lande zu sein, vergessen. Gewiß, es war seltsam zu sehen, dass Studenten aus den fünfziger Jahren Professoren, ja zum Teil schon pensionierte Professoren waren, dass Schüler und Schülersschüler nun in den Universitäten aktiv waren – aber die Vergangenheit wurde wieder deutlicher. Es waren allerdings in erster Linie die guten Seiten jener früheren Jahre, an die ich mich erinnerte; negative Erlebnisse, an denen es, wie in keinem Lande, gefehlt hatte, erschienen höchstens schattenhaft, um dem Glanz der von Freundschaften überstrahlten Zeiten noch tiefere Dimensionen zu geben.

Und als ich im Herbst 1989 wiederum nach Ankara, Izmir und Istanbul flog, um dort zu sprechen, fühlte ich mich wieder daheim. Nach meiner Rückkehr schrieb sich dieses Erinnerungsbuch fast wie von selbst, gestützt auf einige Aufzeichnungen und Rundbriefe, die ich in den Ankaraer Jahren geschrieben hatte. Es sind verständlicherweise nur ausgewählte Notizen; es hätte noch eine Menge von Geschichten und Anekdoten zu erzählen gegeben, und viele viele türkische und deutsche Freunde hätten noch namentlich erwähnt werden können. Doch soll man die Geduld der Leser nicht unnötig beanspruchen, und Bekannte, die zufällig in dem Buch blättern und ihre Namen nicht finden, werden mir das hoffentlich nachsehen.
Die Aufzeichnungen sind als Dank gemeint – Dank an alle, die fast vierzig Jahre lang mir Freundschaft bezeigt haben, Dank auch an die vielen ungenannten Menschen, vor allem auf dem Lande, die sich daran freuten, deutschen Gästen etwas zuliebe zu tun.
Unter denen, die meiner Mutter und mir in jenen Jahren besonders nahe standen und mit ihren Familien bis heute innige Verbindung mit mir gehalten haben, sind drei uns allzu früh entrissen worden. Ihre Familien grüßend, widme ich dieses Buch der dankbaren Erinnerung an:

Dr. Niyazi Bademli, Ankara,
Professor Dr. Mustafa Inan, Istanbul,
Ismail Mıhoglu, Konya.

Sie und ihre Familien waren die ersten, die die Türkei für uns zur Heimat gemacht haben.

November 1989

Annemarie Schimmel

Mein Bruder Ismail

Ismail stand strahlend an unserer Tür. ,,Also dann auf Wiedersehen in Deutschland im Sommer!“ sagten wir. „Inşallah! Und denken Sie sich, von meiner Familie hat keiner geweint, als ich fortging; alle waren so glücklich, daß ich endlich nach Deutschland komme!“ Er drehte sich noch einmal um, und wir winkten ihm nach, bis er im Nebel dieses unfreundlichen Ankaraer Februartages verschwand – jenes Tages, in dessen Nacht die Maschine von Adnan Menderes abstürzen sollte...

Der Wunsch, Deutschland zu sehen, war seit Jahren in Ismail lebendig, und er lernte eifrig deutsche Vokabeln, von „Sperling“ bis „Mülleimer“; aber wir hatten immer gezögert, ihm eine Arbeitsmöglichkeit zu finden, weil wir fürchteten, die Umstellung aus der Konyaer Heimat, aus der fast mittelalterlichen Enge seiner Schreinerwerkstatt, in der er gute, solide Möbel anfertigte, in den hochtechnisierten Betrieb einer deutschen Fabrik würde für ihn zu anstrengend sein, würde sein klares Weltbild, sein empfindsames Herz zu sehr erschüttern.

Denn Ismail war einer jener Menschen, in denen sich das Ideal des Derwischs so vollkommen verkörperte, wie man es nur selten in der islamischen Welt trifft. Aus einer alten Konyaer Handwerkerfamilie stammend, hatte er von Kind an die Tradition der Mevlevis miterlebt – „Seit 300 Jahren hat meine Familie die Tekke mit Fleisch beliefert“, erzählte er einmal stolz. Und er hatte das Glück, geistige Führer gefunden zu haben, die ihn in die Tiefen der mystischen Poesie Mevlâna Rumis einführten und ihm gleichzeitig die Welt der islamischen Kunst, vor allem der Kalligraphie, eröffneten. Und auf diesem Wege lernten wir ihn kennen.

Es war während der Gedenkfeiern zu Mevlâna Rumis Todestag am 17. Dezember 1954; wir waren erst wenige Wochen in der Türkei, und ich hatte zu meiner größten Freude über Rumis Einflüsse auf die westliche Geisteswelt sprechen und erstmals den Derwischtanz miterleben dürfen. Ganz Konya war in jenen Tagen in begeisterter Stimmung, und wir genossen beglückt die Gastfreundschaft einer liebenswerten wohlhabenden Familie. Beim letzten Mittagessen stand plötzlich Ismail vor uns (er war ein Verwandter unserer Gastgeber) und bot mir, als Ausdruck seines Dankes für meinen Vortrag, eine schön geschriebene Tafel mit einem persischen mystischen Vierzeiler, datiert 1810, zum Geschenk. Noch zögerte ich, sie anzunehmen, aber seine gewinnende Herzlichkeit, sein Lächeln und seine aufrichtige Freude machten es unmöglich, die Gabe zurückzuweisen.

„Ich rahme es noch ein und bringe es dann nach Ankara!" versprach er – und ein paar Wochen später stand er vor uns, nicht nur mit der Schrifttafel (die bis heute mein Arbeitszimmer schmückt), sondern auch noch mit einem kunstvoll geknüpften kleinen Wandteppich mit einer religiösen Inschrift. Und in den ersten Monaten des Jahres 1955 sahen wir ihn oft in unserer Wohnung in Cebeci, wohin er Kelims und frische Konyaer Butter, köstliche Marmelade aus uns unbekannten Wildfrüchten und andere begehrenswerte Dinge trug. Wir wußten nicht, womit wir diese Verwöhnung verdienten, und erst im Laufe der Zeit begriffen wir, daß es für Ismail ein Lebensbedürfnis war, zu schenken und so seinen Dank auszudrücken an diejenigen, von denen er glaubte, seelisch und geistig beschenkt worden zu sein.

In jenem Spätwinter besuchten wir auch zum ersten Mal sein Haus in Konya, das uns in den kommenden Jahren eine wirkliche Heimat werden sollte: ein von außen hinter dicken Lehmmauern fast unsichtbares, bescheidenes Gebäude nicht allzu weit von der schönen Sahib Ata Medrese; das Haus hatte zwei kleine Höfe, an deren Ende die Küche lag; einige Stufen führten zum Vorplatz und zu den beiden, durch einen viereckigen Flur verbundenen Zimmern. Das rechte war das Gästezimmer – gab es je ein gemütlicheres? Nur zu Ehren der europäischen Gäste waren einige Stühle aufgestellt; doch zogen wir meist die niedrigen Sitzkissen vor, die sich an den Wänden entlang zogen. Gut ausgewählte Teppiche bedeckten den Boden, hingen an den Wänden. Die Wandschränke mit ihren geschnitzten Türen enthielten nicht nur eine reiche Bibliothek, in der persische und türkische Werke über Mystik zusammen mit einer Reihe deutscher Grammatiken standen, sondern auch Kästen mit feinsten Handarbeiten, in denen Şükriye, die unermüdliche Hausfrau, Meisterin, war, und abends spät wurden unsere Betten aus der Wand geholt und auf dem Boden ausgebreitet. Wie köstlich schlief man dort, nachdem der Abend meist mit langen Gesprächen über Religion und Kunst vergangen war! Manchmal waren Freunde zu Gast: Hafiz Ahmed spielte die Rohrflöte, der Buchhändler sang uralte Derwischlieder; die Lampe warf sonderbare Muster auf die schöne Decke aus Balken, zwischen denen die Rohrmatten sichtbar waren, und die Teegläser wurden wieder und wieder gefüllt. Ismail bereitete den Tee selbst, wie er überhaupt bei allen Haushaltsarbeiten seiner Frau musterhaft zur Hand ging. „Er ist eigentlich ein Mädchen!“ sagte seine Mutter zärtlich.

Seine Mutter, das war die Seele des Hauses. Ihr Reich war der Raum zur Linken des Flurs; hier saß die schwergliedrige Frau mit dem klaren Gesicht, unermüdlich beschäftigt, die kleinen Jungen unter Kontrolle zu halten, gleichzeitig Gemüse zu putzen oder *dolma* zu bereiten, und mit dem Fuß den Strick der Wiege zu bewegen, die an der Decke hing und in der das kleine Mädchen schlummerte – Binnur hieß das Kind, „Tausend Lichter“. Die

Ismail Mıhoğlu

Mutter war eine der eindrucksvollsten Frauen, die mir in der Türkei – und nicht nur dort – begegnet sind: die Verkörperung jahrtausendealter bester Tradition, und von einer Feinheit der Seele, des Empfindens, wie man sie selten trifft. Immer bereit zu trösten, Schutz zu gewähren, nie zu klagen. „Ich habe zehn Jungen geboren; nur der Älteste und hier der Kleinste sind am Leben geblieben"; das sagte sie ohne Auflehnen gegen das Schicksal (wenig später starb der Älteste plötzlich). Sie kam gern zu unseren Gesprächen und warf ab und zu ein kluges Wort in die Diskussion, während die junge Frau meist von der erschöpfenden Tagesarbeit zu müde geworden war, um sich noch viel über geistige Dinge zu unterhalten. Dafür war ihr das leibliche Wohl der Gäste anvertraut: wo in der Türkei gab es wohlschmeckendere Suppen, köstlichere *dolmas*, saftigere *böreks* als bei ihr?

Ismails Haus in Konya blieb nicht lange nur *unsere* Heimat. Es fügte sich, daß in den nächsten Jahren eine Reihe von Gästen aus Europa zu uns nach Ankara kamen, und alle wollten das Zentrum der Mevlevi, das Grab Mevlânas und die seldschukischen Bauten in der alten Stadt sehen. Nach kurzem Zögern überlegte ich, ob Ismail uns wohl bei der Unterbringung der Gäste behilflich sein könnte, und von da an wurde es Sitte, daß ich einfach schrieb,

„Lieber Bruder, dann und dann kommen wir mit den oder jenen Freunden“ oder auch nur „Meine Freundin X kommt mit dem und dem Bus“. Dann konnten wir sicher sein, daß er an der Busstation stand, strahlend den neuen Besuch empfing und ihn entweder in seinem Hause oder in einem guten Hotel unterbrachte. Er war unübertrefflich im Quartierfinden; noch 1958 bei der Mevlâna-Feier, als viel mehr deutsche Gäste nach Ankara kamen, als wir erwartet hatten, brachte er es fertig, nicht nur für alle ein Schlafquartier zu finden, sondern auch allen die Teilnahme an der Feier zu ermöglichen; er selbst saß bescheiden hinter der Bühne und war glücklich, daß die Gäste zufrieden waren. Es kam ihm auch nicht darauf an, bei einer anderen Mevlâna-Feier, als wir bis vier Uhr morgens im Hause eines Freundes zusammengesessen, der Musik und der Rezitation gelauscht hatten, 18 Istanbuler Damen, deren Hotel inzwischen geschlossen hatte, mit nach Hause zu nehmen, sie mit Tee zu erquicken und ihnen ein Nachtlager zu bereiten. Und in jener Zeit, da die deutschen Besucher zahlreicher wurden, zimmerte er für sein zweites Haus, das inmitten der Weingärten lag und während des Sommers bewohnt wurde, zwei wunderschöne Betten aus kostbaren Hölzern, damit die Besucher sich ja wohlfühlten.

In diesen Kreis traten nun die verschiedensten Freunde ein: der Hamburger Schiffbauprofessor und der Berliner Arzt, der Marburger Religionshistoriker Friedrich Heiler und sein Amsterdamer Kollege C. J. Bleeker, deutsche Studentengruppen und türkische Dozenten, Professoren, Dichter, Künstler – jeder war willkommen, und jeder sagte nach wenigen Stunden, überwältigt von der Reinheit dieser Gastfreundschaft, von der tiefen, allumfassenden Liebe und Frömmigkeit dieses Mannes: „Mein Bruder Ismail!“.

Wir wollten nach Beyşehir? Ismail fand Wege dazu, und erst bei unseren letzten Ausflügen gelang es mir, mich wenigstens an den Taxikosten zu beteiligen. Unvergeßlich waren jene beiden Besuche in Eflatunpınarı, „Platos Quelle“, dem alten Hethiterheiligtum, das wir einmal mit ihm bei Sonnenuntergang sahen, als der winterliche Vollmond hinter den gewaltigen Quadern aufstieg, und das zweite Mal in österlicher Mittagsstille. Oder ein Frühlingstag in Karaman, wo wir das Grab der Mutter Mevlânas besuchten – und auf dem Rückweg ließen sich hunderte von Störchen, die aus dem Süden kamen, erschöpft auf der Landstraße vor uns nieder (vergleicht das türkische Volksrätsel sie nicht mit makellos weißgekleideten Mekkapilgern?). Könnte man die Ausflüge nach Sile und nach Meram, wo Mevlâna dem Klang der Wassermühle gelauscht hatte, vergessen, oder die Abende in dem einmalig reichen Privatmuseum Izzet Koyunoğlus, das die Schätze aus Tausendundeiner Nacht zu beherbergen schien?

Immer wußte Ismail unsere Wünsche zu erraten. „Ihr möchtet *oyas* haben?“ Er wußte, wo man diese zarten, bunten Nadelspitzen, mit denen die Kopftücher umnäht wurden, am besten und am billigsten erhielt. „Einen Kelim? Aber sicher!“ Entweder führte er uns zum Teppichhändler „Mustafa mit der dicken Lippe“, oder er entdeckte unter seinen Kelims einen, der „sicher noch besser in euer Haus paßt!“ Die Religionskundliche Sammlung in Marburg möchte einen Gebetsteppich haben? Ismail sandte sofort einen anmutigen Kelim als Geschenk nach Deutschland. Und so gäbe es Beispiel über Beispiel seiner Großmut zu berichten. Jeder in Konya kannte ihn, liebte und schätzte ihn; sein Geschäft ging recht gut, die drei Kinder wuchsen zu seiner Freude heran (davor waren schon drei Kleine gestorben). Der Älteste, Mehmet Emin, lernte neben der Schule, mit der er eben begonnen hatte, die arabische Schrift, und begann früh, sich die Toleranz und Warmherzigkeit des Vaters anzueignen.

„Er soll später in Deutschland studieren!“ sagte Ismail stolz, und bei jedem deutschen Gast mußte der Kleine ein „Guten Tag, wie geht es Ihnen?“ anbringen. Auch Ismail lernte eifrig die

Sprache des Landes, dem seine Sehnsucht galt, und schrieb rührende Karten an meine Mutter, versuchte, all seinen Freunden in Europa mit deutschen Weihnachtsglückwünschen eine Freude zu machen. Die innigste Verbindung bestand zwischen ihm und Hanns Meinke, dem Dichter, der 1956 mit seinem Sohn und seiner Schwiegertochter aus Berlin gekommen war, damit sich der Wunsch seines Lebens, ein Besuch bei Mevlâna, erfülle. Der alte Herr mit seinem langen Bart feierte seinen 72. Geburtstag in Konya, noch dazu am Şeker Bayramı! Er gewann die Herzen der Konyaer im Sturm, und all die Ghaselen, die er, Mevlânas Poesie nachempfindend, in seinem Leben geschrieben hatte, erhielten für ihn in jenen Konyaer Tagen Leben. Später pflegte er in seiner schönen Kunstschrift seine Briefe und Verse an Ismail zu senden, der ihm und den Seinen jenen Tag so verschönert, mit Rohrflötenspiel und mystischen Liedern verzaubert hatte.

Durch den Kontakt mit so vielen Deutschen wuchs Ismails Sehnsucht, unser Land zu besuchen. Die Welt der Freunde zu sehen und gleichzeitig neue Methoden der Holzbearbeitung, neue Formen der Möbelherstellung zu lernen, war sein Wunsch. Im Herbst 1958 bot sich ihm, wiederum durch deutsche Professorenfreunde, die Gelegenheit, und nach Abwicklung seiner Arbeiten fuhr er endlich überglücklich im Februar nach Lengerich, wo er sich dank der Fürsorge eines deutschen Bekannten gleich daheim fühlte. Er war glücklich in der kleinen Stadt und bei der Arbeit in einer Möbelfabrik; und das Glück war vollkommen, als Meinkes ihn zu Ostern nach Berlin einluden. „Kann ich denn so viel Gastfreundschaft annehmen?" schrieb er mir.

Vier Tage genoß er das Zusammensein mit den Freunden, die Kinder im Alter seiner eigenen Kinder hatten, sah die Bilder von Konya und sagte immer wieder: „Ich bin sehr glücklich! Ich bin sehr zufrieden."

Waren die neuen Eindrücke zuviel gewesen? Hatte die Spannung zwischen der geistigen Welt in Konya und dem Leben in Deutschland ihn unbewußt geschwächt? Niemand weiß es. Ein leichtes Fieber befiel ihn bei der Rückkehr, und ein jäher Blutsturz machte seinem Leben – er war 42 Jahre – am Samstag nach Ostern ein Ende. Es war in der *leylat ul-kadr*, der heiligsten Nacht des Ramazan.

Die Berliner Freunde haben ihn auf den islamischen Friedhof in Berlin überführen lassen – ihr Dank für seine Gastfreundschaft.

Ich war nicht imstande, seiner Mutter ein Wort des Trostes zu sagen – einer Mutter, die ihren zehnten und letzten Sohn verloren hatte. Es war sie, die mich tröstete: „Sei nicht traurig. Deutschlands Boden hat ihn zu sich gezogen. Er ist nun ewiger Gast bei euch."

Dieser Nachruf wurde im Herbst 1959 geschrieben, als ich, aus Ankara zurückgekehrt, in Marburg lebte. Nur selten noch kam ich in die Türkei, und wenn, dann konnte ich die alten Freunde nicht finden, wußte nicht, ob Şükriye noch lebte, was aus den Kindern geworden war.

Doch Ismails Geist blieb lebendig, und als ich im Herbst 1988 nach Konya kam, dessen äußere Verwandlung mich entsetzte, aß ich mein erstes Mahl mit Mehmet und Zafer Önder in einem bekannten Kebab-Lokal. Ich trank gerade den letzten Schluck Ayran, als drei Herren, die Treppe herunterkommend, auf uns starrten, und der jüngste von ihnen auf mich zustürzte: „Cemile Hala!" Es war Mehmet Emin, Ismails ältester Sohn, seinem Vater wie aus dem Gesicht geschnitten. Dreißig Jahre verschwanden wie nichts; und wir mußten sofort mit ihm in seine gutgehende Zahnarztpraxis gehen und Kaffee trinken, von allen Verwandten hören, dankbar für diese Fügung. Ja, seine Schwester habe beim Aufräumen einen Brief gefunden, den ich ihm als Achtjährigem geschrieben hatte (ich hatte dem geschickten Jungen zierliche Spielsachen geschickt) und ich hätte ihm vorausgesagt, er werde eines Tages ein tüchtiger Zahnarzt werden ... und das sei ja auch eingetroffen, obgleich er nichts mehr von dem Brief gewußt habe. Er sei verheiratet, habe drei kleine Jungen, der älteste sei wieder ein Ismail ... Und als wir am nächsten Abend spät in seinem Hause den beiden türkischen Musikern lauschten, die vom Universitätskonzert zu ihm gekommen waren, schien es wie eine Wiederbelebung der Tage, da wir bei Ismail Musik hörten! Das Wunder einer über Zeiten und Räume währenden Freundschaft...

Eine Stadt ohnegleichen – Istanbul

Wie sagt Orhan Veli, der den Zauber der Stadt auf zwei Kontinenten in immer neuen Bildern besungen und seine Leser gelehrt hat, auf Istanbuls vielfältige Klänge zu lauschen, den erregten Pulsschlag der Galata-Brücke zu spüren?

Ich hab' nicht vor, auf Reisen zu gehn.
Aber wenn ich so was unternehmen sollte,
führe ich geradeswegs nach Istanbul.
Wenn du mich in der Tram nach Bebek sähst,
was würdest du dann wohl tun? ...

Und Yahya Kemal, Vertreter der großen klassischen Dichtung zu eben der Zeit, da Orhan Veli ganz neue Klänge in die türkische Poesie einführte, singt, wie er, von seiner unstillbaren Sehnsucht nach der Stadt, der die schönsten seiner Verse galten:

Könnt' jeder Geist im Himmel seinen Platz
nach seinem Wunsche sich eröffnen sehen,
hätt' freundlich sich das Glück zu mir gewandt
und gäb' mir einen neuen Stern zur Hand,
so kümmert' ich um solche Huld mich nicht:
Ich möchte wieder nach Istanbul gehen!

Ich lernte Istanbul durch Gedichte kennen, durchwanderte es, ließ mich die Straßen, die steilen Gassen hinauf- und hinabtreiben, atmete den Duft von Teer und Kebab, von Fischen und vertrockneten Blüten auf Friedhöfen ein, nahm halb unbewußt die türkischen Lieder auf, die überall aus den Radios in den Altstadtvierteln plärrten, und verlor mich in den Moscheen oder in der Betrachtung der immer wieder neuen Sonnenauf- und -untergänge, wenn der Bosporus silbern oder sanftlila erschien oder die Sonne in den Wellen eine rotglitzernde Lichtbrücke baute ...

Ich hätte eigentlich 1942 nach Istanbul kommen sollen; Professor Hellmut Ritter, für dessen *Bibliotheca Islamica* ich den Index der dreibändigen Chronik des Ibn Iyas angefertigt hatte, wollte mich als Assistentin haben; doch ich zog es vor, bei den Eltern im kriegsbedrängten Berlin zu bleiben. Zehn Jahre später, im März 1952, erreichte ich endlich die Stadt meiner Träume.

Die Fahrt auf einem Dampfer von Neapel war ermüdend, da ich mit drei überdimensionalen Griechinnen in einer winzigen Kabine eingepfercht war; doch ein deutsches Professorenehpaar, dem ich von türkischer und islamischer Geschichte und Dichtung erzählte, um sie seelisch auf ihren Aufenthalt vorzubereiten, verwöhnte mich zum Glück den größeren Teil der Tage. Am Kai stand Behcet Necatigil, der Dichterfreund, mit dem ich seit einiger Zeit korrespondiert hatte; er und seine liebenswerte Frau brachten mich in ein Gebäude in Laleli, das heute zum Ramada-Hotel geworden ist. Meine Wirtin war eine Dame mittleren Alters, mit der ich mich sogleich gut verstand, und durch die ich manche interessante Menschen kennenlernte, die aber auch mein Vokabular hochklassischer Ausdrücke um nützliche Begriffe wie Zahnbürste, Regenschirm und Ofenrohr bereicherte. Auch nachdem ich nach einer Woche nach Pangaltı auf der europäisch geprägten Seite des Goldenen Horns überwechselte, blieb die Freundschaft mit meiner ersten Betreuerin für Jahre bestehen.

Unvergeßlich ist der Tag, als ich erstmals zu Jale und Mustafa Inan kam, die mich eingeladen hatten, bei ihnen zu wohnen. Das Wohnzimmer hatte schöne, perlmutteingelegte Möbel; und als Mustafa, Professor für Mathematik, der in Zürich promoviert hatte, zum Mittagessen nach Hause kam, erzählte Jale ihm, daß ich seit Jahren einen türkischen Kosenamen hätte, den mir ein alter Kollege in Berlin während meiner Tätigkeit im Auswärtigen Amt gegeben hatte.

„Sie heißt Cemile!"

Der Hausherr sah mich kritisch an: „Kommt dieses Wort im Koran vor?" fragte er.

„Nein," sagte ich, „nur die Maskulinform *dschamil (cemil)* in Sura 12, *sabrun dschamil*, schöne Geduld."

Damit war ich in die Familie aufgenommen, der ich die schönste Einführung in türkisches Leben und türkische Kultur mit all ihren Facetten verdanke. Jale (die ihrem Namen „Tautropfen" alle Ehre machte) war die Tochter des Malers und Museumsdirektors Aziz Oğan, sie arbeitete als Archäologin und wurde zu einer der führenden Spezialisten besonders für das Gebiet von Side, wo sie Jahr für Jahr ausgräbt, und Mustafa besaß eine profunde Kenntnis türkischer Literatur, Musik und Traditionen. Wenn ich abends von meinen Handschriftenstudien in der Universitätsbibliothek nach Hause kam, lernte ich unendlich viel auf die angenehmste Weise. Und der kleine Hüseyin freundete sich auch bald mit „Tante Cemile" an.

Das Haus in Pangaltı blieb meine Istanbuler Heimat, als ich im Herbst 1953 wieder in die Türkei kam, um dort weiter Handschriftenstudien zu treiben, und als meine Mutter im folgenden Jahr mich auf dem Wege nach Ankara begleitete, wurde auch „Tante Mama", wie Hüseyin sie nannte, zum Familienmitglied.

In meiner Erinnerung verfließen manchmal die beiden ersten Aufenthalte, die doch in vieler Weise so verschieden waren. Die Wochen im Frühjahr 1952 sind mir im Gedächtnis geblieben als ein ewiger Frühling. Wann hätte ich je herrlichere Kastanien in Blüte gesehen als in Paşabahçe (einst für seine Glaskunst berühmt), wo eine von Jales Freundinnen in einem schönen alten Yalı wohnte? Und wann hätten wir je wieder so angeregt diskutiert wie an den berühmten Dienstagen, wenn sich die jungen fortschrittlichen Dichter Istanbuls im Maçka Kahvesi trafen? Ich saß bei ihnen und hörte ihren Argumenten gegen die klassische Poesie zu; die ganze Gruppe der sich um die Zeitschrift *Varlık* sammelnden Progressiven traf sich dort. Behcet Necatigil, der mich hingeführt hatte und zu dessen herben, oft geradezu kargen Gedichten ich nicht leicht Zugang gewann, war immer dabei. Noch sehe ich sein von einer gewissen Schwermut überschattetes Gesicht vor mir, das sein Bemühen um äußerste Ehrlichkeit in der Poesie, seine geradezu angstvolle Abwendung vom Romantischen widerzuspiegeln schien (und doch sind ihm einige ganz zarte Liebesgedichte gelungen). Manchmal kam Yaşar Nabi, der Chefredakteur des *Varlık*; Salah Birsel gehörte zu dem Kreise; Cahit Külebi erschien hin und wieder; mit Haldun Taner und vielen anderen ergaben sich freundschaftliche Beziehungen. Auch Samim Kocagöz kam einmal, der Erzähler aus Izmir, mit dem sich eine bis heute dauernde herzliche Verbindung entwickelte.

Angeregt von meinen türkischen Freunden begann ich damals, Artikel über deutsche Kultur in türkischen Zeitschriften zu schreiben, und im *Istanbul Dergisi*, in *Yeditepe* und der großen Zeitschrift *Hayat* erschienen eine ganze Reihe von Skizzen, sei es über deutsche Städte und Landschaften, sei es über mir wichtig erscheinende Persönlichkeiten, gezeichnet mit dem Pseudonym Cemile Kıratlı (*kırat*=Schimmel).

Bei unseren Zusammenkünften wagte ich gelegentlich, die klassische Dichtung zu verteidigen, und ein paar Zeilen von Yahya Kemal zu zitieren, die mir so lieb und teuer geworden waren. Aber nein! – „Solche Ghaselen und in klassischer Form gebundene Verse zu schreiben, ist doch zu leicht!" hieß es dann.

„Aber wir, wir müssen uns abquälen, wir müssen ehrliche Formen finden. Wir können nicht im Elfenbeinturm sitzen und von Sonnenuntergängen und Rosen und Nachtigallen schreiben, während um uns herum Menschen leiden, hungern, nach Gerechtigkeit schreien!"

Ich fragte mich (und sie) zwar manchmal, ob nicht auch zur Zeit Homers oder der großen orientalischen Dichter wie Hafis oder Fuzuli Menschen gelitten hatten, hungrig gewesen waren; aber solche Argumente wurden als irrelevant abgewiesen. In einer Weise hatten die jungen Dichter freilich recht: die klassische Tradition des Ghasels und der Kasida (beide mit Monoreim) , die seit Jahrhunderten in der islamischen Welt üblich waren, kann auch von einem Dichter verwendet werden, der nicht mehr als ein geschickter Reimeschmied ist, denn die Bildwelt, der Symbolismus, die Regeln für Reim und Rhythmus und das Spiel mit ungezählten Assoziationen ist festgelegt: man kann diese Dinge geradezu handwerklich lernen. Doch die großen Dichter der islamischen Welt haben ihre Gefühle und die Probleme ihrer Zeit in diesen Formen so elegant verschlüsselt, die überkommenen Formen mit soviel Energie erfüllt, daß man bis heute darin Gedanken findet, die modern, ja fortschrittlich wirken – wenn man den Schlüssel besitzt. Und dieser Schlüssel war in der Türkei für die jüngere Generation verloren gegangen; denn durch die Ersetzung des arabischen Alphabets, das für die meisten Sprachen des islamischen Kulturgebiets verwendet wird, durch die Lateinschrift (1928) waren Millionen junger Menschen von ihrer kulturellen Vergangenheit abgeschnitten, konnten die Grabinschriften ihrer Ahnen, die Tafeln in den Moscheen und hunderttausende von Versen früherer Dichter nicht mehr lesen. Selbst wenn man im Laufe der Jahre die wichtigsten literarischen Werke in Lateinschrift umsetzte, war doch die Menge der Wort- und Sinnspiele, die sich im arabischen Alphabet ausdrücken ließ, nicht mehr verständlich.

Es war also mehr als nur eine fortschrittliche Ansicht von Poesie, die meine Dichterfreunde vertraten; es war in gewisser Weise das Ergebnis der Schrift- und der damit zusammenhängenden Sprachreform, die ihnen einen „Klassiker" wie Yahya Kemal unzeitgemäß erscheinen ließ.

Doch ich hatte das Glück, meinen bewunderten Dichter einmal im Hause von Freunden zu treffen, und hörte atemlos zu, als er von osmanischer Geschichte und von historischen Problemen ganz allgemein sprach und dazu ein Glas Whisky trank. Ich hatte damals gerade sein entzückendes Gedicht „Spanischer Tanz" übertragen, in dem er, der jahrelang im diplomatischen Dienst tätig gewesen war, den Flamenco-Rhythmus Spaniens und das aufblitzende Rot der Röcke meisterhaft im Türkischen wiedergegeben hat – ähnlich wie in seinem während seiner Warschauer Botschafterzeit entstandenen Gedicht „Schneemusik" die Melancholie eines winterlichen Abends eingefangen ist, aus der sich der Dichter befreit, indem er

auf der alten Platte Tamburi Cemil

und seine Musik hört, sich in die Heimat zurückführen läßt. Tamburi Cemils Sohn war in jenen Jahren eine wichtige Persönlichkeit beim türkischen Radio. Es war dieser Mesut Cemil, mit dem ich mein erstes Rundfunkinterview hatte, und noch erinnere ich mich, daß ich damals meine Übertragung von Yunus Emres schönem Gedicht „Ach, warum weinst du, Nachtigall?" vorlas. Dieser Kehrreim des alten Gedichts wurde geradezu zu einem Motto für unseren Kreis von Freunden, die alle mehr oder minder in deutscher Kultur erzogen worden waren.

Vedat Nedim Tör in Marburg, 1956

Unter ihnen muß jenes Mannes gedacht werden, durch den ich Mesut Cemil kennengelernt hatte: Vedat Nedim Tör mit seiner charmanten Berliner Frau Alice Hanım Ganz für die moderne und modernste Haltung der Türkei plädierend, hatte Vedat Bey für die Entwicklung des türkischen Theaters gearbeitet, wenngleich seine eigenen Stücke (von denen ich eines aus Freundschaft übersetzte) nicht sehr erfolgreich waren. Er hatte die Volksfestspiele organisiert, sorgte für die Wiederbelebung und das Weiterleben türkischer Volkstanztraditionen sowie anderer volkstümlicher Künste und Überlieferungen, war jahrelang der kulturelle Beauftragte der *Yapı ve Kredi Bankası*, und hatte bei der Einführung moderner Drucktechniken eine höchst wichtige Rolle gespielt. Vieles im kulturellen Leben der fünfziger Jahre, Filmproduktion eingeschlossen, ging auf den quirligen, niemals rastenden und stets voller neuer guter Ideen steckenden Vedat Bey zurück, den ich oft sah, obgleich er, verständlicherweise, meine Neigung zur klassischen Tradition oder gar zur Mystik in keiner Weise teilte. Aber das beeinträchtigte unsere Freundschaft nicht.

Durch Vedat Nedim lernte ich auch Kâzim Taşkent kennen, der, von Haus aus Chemiker, zunächst durch die Anlage von Zuckerfabriken und Ermutigung des Zuckerrübenanbaus sein Vermögen gewonnen hatte und dann auf den verschiedensten

Sektoren im öffentlichen Leben tätig war: er gründete die *Yapı ve Kredi Bankası* und den *Doğan Kardeş Verlag*, der damals die bestgedruckten Zeitschriften herausgab; der Name Doğan erinnerte an Kâzim Beys jungen Sohn, der bei einem Lawinenunglück in der Schweiz umgekommen war – ein Verlust, den die Mutter nie verwunden hatte, während der Vater seine Energie in immer neue Projekte steckte. Seine Landsleute zu erziehen, ihnen neue Bildungsmöglichkeiten zu geben, das war sein Wunsch, und wir unterhielten uns mehrfach über seine Ideale, über diese wahrhaft humanistischen Versuche, seine Mitmenschen weiterzuführen. Ein, zwei Mal besuchte er uns in Deutschland, und jahrelang gehörte ein köstliches Paket Feigen aus den Produktionen seiner weitgespannten Geschäfte zur jährlichen Weihnachtsfreude.

Wenn ein osmanischer Historiker des 16. Jahrhunderts, der Zeit Süleymans des Prächtigen, geschrieben hatte, unter jedem Pflasterstein Istanbuls liege ein Dichter, so stimmte das zwar für die Neuzeit nicht mehr ganz, aber ich begegnete doch immer neuen Künstlern: man konnte sie in der Galerie von Adile Aida in Pera treffen, wo moderne türkische Kunst ausgestellt wurde und wo ich erstmals einen meiner Lieblingsdichter traf. Rahmi Bedri, dessen surrealistische und doch endhafte Bilder und starkfarbigen Gedichte mir wie die beiden Seiten einer Münze erschienen. Für eine Zeit lang war er wohl der bekannteste türkische Maler, der auch im Ausland mit seiner „anatolisch“ kräftig wirkenden Kunst Erfolge hatte. Ganz anders war mein Freund Asaf Halet Çelebi, der mystischen Tradition verhaftet; seine Verse, in denen er manchmal die Bilder des Derwischtanzes, die geheimnisvolle Gestalt des Märtyrermystikers Mansur Halladsch oder die alten Sagen von Ferhad, dem betrogenen Liebenden, und seiner Schirin aufnahm, schienen mir besonders anziehend. Wir wanderten zusammen die alte byzantinische Stadtmauer entlang, wo er mir die Zigeuner und kleine

Gärtchen zeigte und die Geschichte der Türkei in legendenhafter Form heraufbeschwor.

Wenn ich meine Studien in der Bibliothek beendet hatte, streifte ich durch die Stadt, teils, weil ich sehr wenig Geld hatte und mir kein Vehikel leisten mochte, teils, weil ich die Stadt immer näher kennenlernen wollte, so ermüdend die unregelmäßigen Pflastersteine, die wie Flickenteppiche zusammengestückelten Bürgersteige, die plötzlichen Löcher in den Straßen auch sein mochten. (Sie sind es noch, und trotzdem habe ich es auch fast 40 Jahre später genossen, mich durch die von Menschen und Katzen wimmelnden Straßen treiben zu lassen...)

Am schönsten war es natürlich, die Moscheen zu besuchen: wer wäre nicht von der Süleymaniye hingerissen, die wie eine Krone auf dem Haupt Istanbuls sitzt? Man entdeckte immer neue Details in dem gewaltigen Raum, bewunderte die Inschriften, vor allem jene, große goldene Linie, die an der Hofwand steht und den „Thronvers" des Korans in exquisiter Kalligraphie enthält – jenen Vers, dem besonders schützende Kraft zugeschrieben wird, da er die Macht des „Lebendigen, durch sich selbst Beständigen" preist, dessen Thron Himmel und Erde umfaßt, ohne daß Ihm deren Schutz Mühe machen würde...

Die zahlreichen zu einer offiziellen Moschee gehörigen Bauten wirkten vollkommen in ihrer Eleganz, und das *Türk ve İslam Eserleri Müzesi*, das damals noch im Süleymaniye-Komplex untergebracht war, bot dem Auge die schönsten Schätze. Ich verbrachte die meiste Zeit dort mit der Bewunderung der Schriftkunst, der Korane und der Tafeln mit kunstreich geschriebenen Koranversen, Anrufungen oder Namen, mit den Sultansurkunden, deren jede eine andere *tuğra,* das „Handzeichen" des Sultans trug. Man sah vor sich die Schreiber in den Büros, dem *Divan*, des Großherrn, die mit der Herstellung solcher Dokumente beschäftigt waren. Und mit solchen Träumen mochte man dann ins Topkapı Serayı gehen, dessen

Schätze wie ein Märchen aus Tausendundeiner Nacht anmuteten. Daß ich nach nahezu vierzig Jahren dort einmal einen Vortrag über islamische Schriftkunst würde halten dürfen, hätte ich damals in meinen kühnsten Träumen nicht geahnt...

Unten am wimmelnden Brückenkopf der Galata-Brücke, nahe dem überdeckten Bazar (in den ich, glaube ich, in all diesen Jahren nur einmal gegangen bin, weil ich nie gelernt habe zu handeln) lag die Yeni Cami, an der damals noch zahlreiche *arzuhalcis* saßen, Schreiber, vor denen Männer und vor allem Frauen standen, um Anträge und Formulare ausfüllen zu lassen, die man für die komplizierte Bürokratie benötigte oder auch einfach einen Brief an ferne Verwandte zu diktieren. (Sammlungen von Feldpostbriefen türkischer Soldaten aus dem Ersten Weltkrieg sind hochinteressante Quellen, aus denen Sorgen und Hoffnungen der Soldaten, ja ihre ganze Mentalität, deutlich wird.) Und nicht weit von der Yeni Cami fand man, in verwinkelten Gassen, die Rüstem Paşa Camii, die Sultan Süleymans Schwiegersohn hatte errichten lassen. Keine andere Moschee hat einen so reichen Fliesendekor wie diese. Es gibt dutzende von verschiedenen Tulpenmotiven, die in strahlendem Rot auf den Wänden leuchten; es scheint dem Betrachter, als sei die Phantasie der Maler und Keramiker unerschöpflich gewesen. Ich besuchte Rüstem Pascha einmal mit türkischen Freundinnen, die mir erklärten, warum die Türken die Tulpe so liebten: ihr türkischer Name, *lâle*, ergibt, in arabischen Buchstaben geschrieben, den gleichen Zahlwert wie das Wort *Allah* und wie das Wort *hilâl*, „Neumond“, die alle nach der alten Buchstabenrechnung 66 ergeben. Welche Blume könnte passender für die Türken sein als diese, die auf den Namen des einen und einzigen Gottes hinweist und zugleich auf das Symbol des Islam, den Halbmond! (Das islamische Jahr besteht ja aus Mondmonaten und verschiebt sich daher dem christlichen Jahr gegenüber um elf Tage; das erste Erscheinen des Neumondes ist deshalb von großer Wichtigkeit.)

Die schönste aller Moscheen aber war und ist für mich die von Sultan Süleymans Tochter, Rüstem Paschas Gattin Cemile Mihrimah erbaute, die an der alten Stadtmauer, direkt am Edirne Kapı, liegt. Mit ihrer einen großen Kuppel, ihrer lichten Innenbemalung und dem überschlanken Minaret, das mit der Kuppel kontrastiert, ist sie für mich das Ideal, ist völlige Perfektion und ist gleichzeitig, wie mir scheint, ein sehr feminin wirkender Bau, ein Bau, in dem Geistiges und Materielles zu vollkommener Harmonie verschmolzen sind.

Nie konnte ich mich recht mit der Hagia Sophia befreunden, die sich schwer und gewaltig über den Seraygärten erhob. Vielleicht hätte man sie zu einer Zeit sehen müssen, da bärtige Priester in kostbaren Gewändern vor einer dichtgedrängten Menge die Osternacht feierten und das Licht von tausenden von Kerzen sich in dem schweren Gold der Mosaiken widerspiegelte; vielleicht auch später, wenn sich tausende von Frommen zum Morgengebet am Fest des Fastenbrechens hier versammelten und im gleichen Rhythmus sich niederwarfen, knieten, sich beugten, sich erhoben. Wie die griechische Überlieferung nicht müde geworden ist, schmerzerfüllte Legenden um die Eroberung ihres größten Gotteshauses durch die Türken zu weben, die alle in der Hoffnung gipfelten, daß sich eines Tages eine in der Mauer verborgene Tür wieder öffnen, die Engel die Kirche wieder in Besitz nehmen würden, so haben die Muslime in ihren Überlieferungen nicht weniger leidenschaftlich darauf hingewiesen, daß dieses Gotteshaus von Anbeginn an ihnen gehört habe. Der Baumeister – so heißt es mit schönem Anachronismus – habe jahrelang die Kuppel nicht fertigstellen können und sei schließlich durch eine himmliche Stimme angewiesen worden, das Bindemittel für den Mörtel aus Arabien zu holen; die Karawane, die dorthin ausgesandt wurde, brachte auf Geheiß der Stimme ein kleines Gefäß mit dem Speichel des Propheten Muhammad mit sowie siebzig Kamellasten mekkanischer Erde und siebzig Gefäße mit Wasser vom heiligen Brunnen Zamzam in Mekka. Damit wurde die Kuppel unzerstörbar gemacht. Schon hatten manche muslimische Heilige hier ihr Gebet verrichtet, ehe sich am 29. Mai 1453 die Weissagung des Propheten Muhammad verwirklichte: „Sie werden Konstantinopel erobern – Heil dem Heer, das dieses tun wird!" Und eine der ersten Amtshandlungen Mehmets des Eroberers (der damals erst 22 Jahre alt war) war es, in der Aya Sofya sein Gebet zu verrichten. Die Legenden aber wucherten weiter: war nicht das große Portal aus dem Holz der Arche Noah errichtet? Und wenn man vor einer Reise zwei Gebetseinheiten betet und eine *Fatiha* für Noah rezitiert, wird die Reise gut gehen.

Jetzt aber war die Aya Sofya ein leerer Museumsraum, in dem der Besucher wohl die gewaltigen Mosaiken, die in sich gemusterten riesigen Marmorsäulen, die seltsam flach wirkende Kuppel bewundern mochte oder sich in die Schriftzüge auf den runden Schildern versenkte, die die Namen des Propheten und seiner ersten vier Nachfolger trugen.

Wie viele Male ging ich durch den kleinen Garten, durchschritt das Tor, und wandte mich eilig zur Rechten, wo hinter einem zarten schmiedeeisernen Gitter der für mich schönste Teil der Aya Sofya lag: die Bibliothek mit ihren kostbaren Handschriften!

Der kleine Raum war mit bunten Fliesen ausgekleidet, Fliesen, auf denen zwischen bläulichen und grünlichen zart gerippten Blättern bolusrote Blumen blühten – ähnlich denen im Topkapı Seray, ähnlich auch denen auf den großen Schalen und Ampeln, die man im 16. und 17. Jahrhundert in Iznik herstellte. Ein Schrank und ein Kasten, die mit feinen Perlmuttarabesken eingelegt waren und wohl aus dem indischen Gudscharat stammen dürften, eine lange Sitzbank, ein Tisch, der Schreibtisch des Bibliotheksdirektors vervollständigten die Einrichtung. Es war kühl und dunkel im Zimmer, und das Gurren der Tauben erklang den ganzen Tag. Der Blick, ermüdet vom Abschreiben arabischer oder persischer Handschriften, glitt auf den türkisfarbenen Ranken der Fliesen auf und ab, in denen sich das letzte Licht des Tages spiegelte, und senkte sich wieder auf die Handschrift. Manchmal brachte der junge Direktor aus dem Magazin seine kostbarsten Schätze, miniaturgeschmückte persische Gedichte, alte medizinische Manuskripte mit Zeichnungen, vergoldete Gebetbücher, von Fürsten geschrieben, die sich damit himmlischen Lohn erhofften, Autographen jener Großen, die man aus der Literaturgeschichte kannte und die hier in ihrer Handschrift lebendig wurden. Manchmal kam ein alter türkischer Gelehrter, der sich in theologische Traktate vertiefte, manchmal eine jüngerer Forscher. Es war ein wunderbar stilles Leben. Der einzige Kummer war, daß kein Menschenleben ausreichen würde, all die Handschriften, die hier in der Aya Sofya und in noch viel größerem Maße in der Süleymaniye-Bibliothek lagerten, in die Hand zu nehmen, geschweige denn, zu lesen oder zu verarbeiten ...

Manchmal stiegen der junge Direktor und ich auf die Galerien, wo die großen Mosaiken repariert wurden, und einmal kletterten wir durch geheimnisvolle winzige Türen eine steile, finstere Treppe hinauf und fanden uns plötzlich auf dem Rand des Gebäudes, direkt am Ansatz der Kuppel. Von dort aus war der Blick unbeschreiblich schön: Das blaugraue Marmarameer, der gepflegte kleine Park, der zwischen der Aya Sofya und der Sultan-Ahmet-Moschee lag und in dem winzige Menschlein herumliefen, die graziösen Kuppeln auf den Anbauten der Sultan-Ahmet-Moschee, den ehemaligen theologischen Hochschulen und Armenküchen; rechts das langgestreckte Hippodrom mit dem Obelisken, von dem die türkischen Kinder früher lernten, es sei ein Prinz, der versteinert worden sei, weil er seinen Eltern nicht gehorcht hatte; im Vordergrund das von Kaiser Wilhelm II. bei seinem Besuch gestiftete Brunnenhäuschen, und in der Mitte, alles beherrschend, die Sultan-Ahmet-Moschee selbst, deren Kuppel, an Spannweite der Kuppel der Aya Sofya nur um zwei

Meter nachstehend, langsam und würdig wie ein Fürst aus den dienenden Halbkuppeln emporsteigt. Der Vorhof der Moschee brachte den Besucher an ein Tor: wenn man an dessen unterster Stufe stand, erreichte der goldene Halbmond auf der Hauptkuppel genau die Torspitze, so als sei die Moschee hineingesetzt wie ein Bild in seinen Rahmen. Dann ein zweiter arkadenumgebener Hof, und schließlich die Moschee selbst, die von Europäern oft als die schönste der Istanbuler Moscheen angesehen wird (weshalb sie heute von wahren Heuschreckenschwärmen von Touristen erfüllt ist). Sie ist in der Tat bezaubernd, einmalig in den mannigfachen Abstufungen des Blaus in der Wandverzierung, der ornamentalen Malerei im Hauptraum und der überreichen Fliesen an der Rückwand, die den Betrachter immer tiefer in einen bläulich-grünlichen Märchengarten ziehen; und wenn das Auge sich davon abwendet, der Stirnseite der Moschee zu, trifft es auf das Blau des Marmarameeres, das durch alle Fenster sichtbar ist, überglänzt vom zarten Prozellanblau des Himmels. Wie in einem blauen Kristall eingeschlossen wandert der Besucher zwischen den vier tragenden Pfeilern umher, die je fünf Meter Durchmesser haben, aber dank der Rippung der Oberfläche nicht wuchtig wirken. In einer Ecke zitieren ein paar Jungen den Koran; hier wirft sich ein älterer Mann zum Gebet nieder, ungestört von der Menge der gaffenden Besucher; ein anderer läßt die Perlen des dreiunddreißig-perligen Rosenkranzes durch die Hand gleiten und versenkt sich in das Geheimnis der 99 schönsten Namen Gottes.

Von unserem luftigen Platze an der Kuppel der Aya Sofya sahen wir die Eintretenden, die in dem silbrig-grauen Bau verschwanden, um dort dem Lärm der Welt zu entfliehen – hatte nicht der Prophet gesagt: „Das Gebet ist Himmelfahrt!“? Die Straßenbahnen quietschten in ihren Gleisen, die Taxis eilten hupend vorüber; über das blaue Wasser zogen kleine Dampfer und Fischerboote. Die Schatten der sechs Minarets der Sultan-

Ahmet-Moschee wurden länger, und der herbstliche Nachmittagswind ließ uns frösteln. War Istanbul im Frühling schöner oder in jenem verwunschenen Herbst 1953?

Ich lernte die Stadt noch tiefer kennen; in den Hängen am Bosporus blühten die letzten Blumen, und an manchen Tagen lebte die Heiterkeit der Tulpenperiode zu Beginn des 18. Jahrhunderts wieder auf, der Zeit eben jenes Sultan Ahmet, der die Blaue Moschee errichtet hatte, einer Zeit in der Nedim seine heiteren Liebesgedichte schrieb und Levni die Damen und Herren der höfischen Gesellschaft anmutig malte; und selbst wenn sich der Bosporus gewandelt hatte, konnte man doch manchmal sagen:

Sieh dort an der Landestelle
drei Paar Boote wartend stehn –
Komm, du wandelnde Zypresse –
laß nach Saadabad uns gehn!

In jenem Herbst traf ich seltener die Dichterfreunde des vergangenen Frühlings; ich hatte dank meinen Freunden in Ankara Zugang zum Kreise Samiha Ayverdis gefunden, einer Mystikerin, die die geistige Tradition Kenan Rifais weiterführte und einen ganzen Kreis gebildeter jüngerer Menschen um sich gesammelt hatte. Mit drei Freundinnen – Nezihe Araz, Safiye Erol (die in München bei Fritz Hommel in Semitistik promoviert hatte) und Sofi Huri, einer libanesischen Christin, hatte sie das Leben und Werk ihres mystischen Meisters geschildert – ein erster Versuch, in der Zeit des reinen Laizismus den Sinn für die inneren Werte, die religiösen Traditionen wiederzuerwecken, die das Osmanische Reich hatten formen helfen und die nun aufs neue notwendig schienen. Die ruhmreiche Zeit Mehmet Fatihs, des Eroberers von Konstantinopel, sollte noch einmal lebendig werden: Samihas älterer Bruder, der Architekt Ekrem Hakki

Jugendbildnis von Samiha Ayverdi

Ayverdi, hatte seine Werke über die Architektur der Fatih-Zeit und viele andere Studien geschrieben, und Familienmitglieder und Freunde veröffentlichten und veröffentlichen noch eine Reihe wichtiger Monographien zur osmanischen Kultur. Das Haus in Fatih, wo Samiha Abla, wie ich sie nennen durfte, lebte, war ein reines Museum; hier lernte ich zum ersten Mal die Tradition der osmanischen Kalligraphen genauer kennen, die mit Scheich Hamdullah begann, der, aus Amasya stammend, Kalligraphie-Lehrer von Sultan Bayezid II. wurde und eine hohe Stellung bei Hofe erhielt. Seine Nachfolger in der Kunst der Kalligraphie hatten jenen eleganten Stil weitergeführt, der für die osmanische Schriftkunst so typisch ist; und wie Hamdullah vom Sultan geehrt wurde, so auch sein bedeutendster Nachfolger, Hafiz Osman, der ebenfalls zwei Kaisern Unterricht gab, nämlich Mustafa II. und Sultan Ahmet. Auch ihm rückten die Fürsten die Kissen zurecht, reichten ihm das Tintenfaß, und die in der Türkei gedruckten Korane wurden von einem von ihm gefertigten Manuskript gedruckt. Ja, so groß war der Ruhm dieses Manuskriptes, daß ich oft türkische Freunde traf, die meinten, dies und nichts anderes sei die Urschrift des heiligen Buches, und die Hafiz Osmans Manuskript zur Grundlage zahlenmystischer Auslegung machten, durch Zählen gewisser Buchstaben je Seite auf eine Entschleierung der Zukunft hofften (wie man es auch aus dem christlichen Mittelalter und aus der jüdischen Kabbala kennt). Die Nachfolge Hafiz Osmans, den Yahya Kemal in einem schönen Gedicht als „Propheten der Kalligraphie“ bezeichnet hat, führte dann weiter, bis sie in unserem Jahrhundert von Aziz Rifai aufgenommen wurde. Der Meister, aus Trapezunt stammend, hatte sich, wie meine Freunde, dem Meister Kenan Rifai angeschlossen; er ging dann nach Ägypten und wurde zum Begründer der modernen ägyptischen Kalligraphie. Seine Tochter aber war mit Ekrem Hakki verheiratet.

In dieser Umgebung sah ich Schätze der osmanischen Zeit, vor allem natürlich solche, die mit der Kalligraphie zu tun hatten; da gab es winzige Federmesser in eleganter Form mit Griffen aus edlem Material; da gab es die kleinen Brettchen, auf denen die Feder zum Anspitzen und Schrägschneiden hingelegt wurde; sie konnten aus Elfenbein sein oder aus harter Lachshaut; *Kalemdans* gab es, Behälter für die Rohrfedern und die anderen Schreibutensilien, die aus Metall sein mochten, mit feinen Ziselierungen, oder aus Papiermaché, farbig bemalt; sehr häufig waren persische oder türkische Verse darauf geschrieben oder eingelegt in Perlmutter, umgeben von zartesten Elfenbeinranken; und zahllos waren die künstlerisch gestalteten Schriftblätter, die oft auf marmoriertem Papier, *ebru*, aufgeklebt waren; die Herstellung des Marmorpapiers, das in Deutschland als „türckisch Papier" bekannt war, gehörte zu den großen Künsten der Osmanen (und ist in jüngster Zeit wiederbelebt worden). Das Auge wanderte über goldverzierte Handschriften und über Stickereien, mit denen die Frauen ihre Handtücher verziert hatten; die verschiedensten Blumenmotive in feinster Ausführung, so daß rechte und linke Seite nicht zu unterscheiden waren, und dazwischen goldene Akzente; jedes Muster hatte seinen eigenen Namen, seine eigenen Traditionen. So war es auch mit den *oyas*, den ganz feinen, mit einer nähnadeldünnen Nadel gehäkelten Blüten und Blättern, die um die farbigen, mit Holzmodeln bedruckten Kopftücher, *yemeni*, genäht wurden. Auch hier hatte jede ihren Namen, sei es nun „was der Sekretär gekniffen hat" oder „Schwiegermutters Grabstein", und Samiha Abla konnte der staunenden Besucherin genau erklären, wer wem welche Art *oya* schenken durfte. Und ich begann in kleinem Maße, die zierlichen Gebilde zu sammeln, die je nach Herkunftsort verschieden waren, aus unterschiedlichen Sorten Seidengarn hergestellt.

Oft traf ich Kollegen, die die Tradition ebenso liebten wie meine Freunde; Süheyl Ünver war darunter, der, obgleich

Medizinhistoriker, einer der besten Kenner der Kalligraphie und Miniaturmalerei war; und Nihat Sami Banarlı der die großen Traditionen in seinen Büchern und Artikeln wiederaufleben ließ.

In solcher Tradition wuchs auch der Enkel Samiha Ablas auf, der den Namen des großen türkischen Architekten Sinan trug – des Erbauers der Süleymaniye, der Mihrimah, der Rüstem Paşa-Moschee und der Selimiyye in Edirne. Samiha Abla selbst aber verewigte die ihr so teuren Traditionen in ihren Romanen und Kurzgeschichten. Ich liebte es, ihr zuzuhören, wenn sie in langen schwingenden Sätzen aus dem alten Istanbul erzählte, dessen schönste Seiten sie in ihrem Buch Istanbul Geceleri vor dem Leser entstehen läßt – diese „Istanbuler Nächte" haben mich immer von neuem entzückt.

Meist saßen wir in dem Familienhaus in Fatih, nahe der Moschee des Eroberers, einmal auch in ihrem Sommerhaus in Istinye am Bosporus, und während sie von den Pflichten und Bemühungen des Menschen auf dem geistigen Pfade sprach, breitete sich über den Himmel ein riesiger Fächer aus Schäfchenwolken, die von der sinkenden Sonne rosarot gefärbt wurden, bis sie wie sanft schimmernde Vögel verschwanden. Hatte nicht der große persische Mystiker Ruzbihan Baqli einst die Vision der Schönheit Gottes in Rosenwolken erfahren?

Ich lernte durch Samiha Ablas Kreis ein Istanbul kennen, das im Trubel der modernen Stadt fast verloren schien. Manchmal war deshalb ihre Kritik an gewissen Erscheinungen und Entwicklungen unserer Zeit sehr hart; sie war kompromißlos in ihrer Haltung, denn sie kannte nur den einen Weg, der zur Vollendung führte. Und ihre Briefe, in vogelschwingengleicher Schrift geschrieben, sind wichtige Dokumente einer großen Seele.

Wir fuhren zusammen hinauf nach Çamlıca das damals noch unbebaut war, und blickten über den Bosporus, sahen, wie sich die Kuppeln und die schlanken Minarets der Stadt gegen den

Abendhimmel abhoben – jenem Çamlıca von dem Samiha einmal geschrieben hatte:

> *Auf den Händen Üsküdars, das einen Thronsessel bildet, und seiner Ortschaften... erhebt sich langsam ein Fürstentum: Çamlıca. Es ist gleichsam ein seinen Thron zwischen Wolken setzender Märchenheld, der beschlossen hat, Istanbul von solch einem einsamen Winkel aus ins Auge zu fassen, und der sogleich den beherrschendsten, aber auch abgelegensten Punkt der Natur erwählt hat ...*

Ja, der Blick wußte nicht, wohin er sich wenden sollte. Denn immer neue Ecken entdeckte man in der Landschaft des Bosporus. Ich hatte Freunde auf der asiatischen Seite Istanbuls (noch vergesse ich nicht meine Aufregung, als ich das erste Mal mit dem Dampfer in Üsküdar ankam, was damals ganze 18 *kuruş* kostete, und vor Begeisterung fast den Boden Asiens geküßt hätte. „Nicht sehr gesund", sagte meine nüchternere deutsche Studienkameradin Hanna, die im Deutschen Krankenhaus am Taksim wirkte, ehe sie nach langen Jahren ihre akademische Arbeit in Deutschland wieder aufnahm). Üsküdar – das war Yahya Kemals Gedicht, in dem er den Glanz der Fenster des „armen Uskūdar" bei Sonnenuntergang besingt, denn:

> *Der von dem goldenen Weine berauschte Architekt*
> *des Lichtes, der die Hände am Horizont ausstreckt*
> *mit einem Purpurbecher – wie manche tausend Jahr'*
> *erbaute er so wieder das Märchen – Üsküdar.*

Es gab das Haus einer Bekannten in Çifte Havuzlar unter alten Bäumen; es gab den Garten von Jales Familie in Erenköy, und auf schwankendem Boot fuhren wir zu dem Yalı des bekannten

Literaturhistorikers Fahir Iz in Anadolu Hisar, durchgeschaukelt vom Nordwind. Von den Hügeln von Kandıllı wurden bei Mondschein wiederum Yahya Kemals Verse lebendig:

Als Kandıllı schwimmend im Schlummer lag,
In Wassern zogen das Mondlicht wir nach...

Alte großräumige *yalıs* (Villen) erhoben sich am Ufer, und man sah im Geiste die Vergnügungen an den süßen Wassern von Asien vor sich, wie europäische Reisende und Künstler sie im ausgehenden 18. Jahrhundert beschrieben haben. Man konnte mit dem Dampfer fast zum Eingang des Schwarzen Meeres fahren und in irgendeinem der ungezählten Fischrestaurants köstliche Fische genießen. Die Sommerresidenz der deutschen Botschaft mit ihrem weiten Garten wurde sichtbar sowie das Robert College (heute Universität), und Bebek lagerte sich an einem der Hügel hinauf. Dorthin fuhren wir manches Mal, um die großzügige Gastfreundschaft von Jales Verwandten zu genießen. Wir erstiegen die Festung von Rumeli Hisar und stellten uns vor, wie diese Burg und das am asiatischen Ufer gegenüberliegende Anadolu Hisar die Stadt vor Angriffen hatten schützen sollen. Der Dolma Bahçe Palast dehnte sich heiter am Ufer aus, und jeder Besucher liebte die fotogene kleine Dolma Bahce Moschee. Den Yildiz Palast sah ich erst sehr viel später und freute mich, dort ein islamisches Kulturinstitut zu finden, dessen Bibliothek und seine Dokumentationsarbeit gelehrte Besucher aus aller Welt anzieht.

Istanbul hatte viele Gesichter. Es änderte sich je nach dem Wind; der warme Lodos vom Mittelmeer und der kalte Poyraz vom Schwarzen Meer prägten sein Wetter, sein Licht, seine Stimmung, und wie Üsküdar und seine Umgebung nicht nur romantische Vergangenheit darstellten, sondern man auf der asiatischen Seite auch die großen Kasernen und vor allem den Bahnhof von Haydarpaşa fand, so war Pera nicht nur europäisch geprägt; man konnte dort schöne alte Häuser sehen, und in Galata erhob sich das alte Mevlevihane, wo im späten 18. Jahrhundert einer der größten osmanischen Dichter, Şeyh Galib, sein tiefgründiges und vielschichtiges Epos von der Liebesgeschichte von *Hüsn und Aşk*, Schönheit und Liebe, verfaßt hatte ...

Ja, Istanbul hatte viele Gesichter, und während man sich leicht von dem Charme der Architektur, von den ungezählten anmutigen Brunnenhäuschen in der Altstadt, von den alten Holzhäusern begeistern lassen konnte, gab es auch Tage, da der bisher so strahlende Herbst in eisigen Winter verwandelt wurde. Tage, wo die Überfahrt nach Üsküdar in Schneeregen und peitschendem Wind kein reines Vergnügen war. Tage, wenn der Regen die steilen Straßen glitschig gemacht hatte und plötzlich ungeahnte Pfützen, kleine Seen, tiefe Schlaglöcher auftauchten. Und es gab einen Winkel am Bosporus, der als die kälteste Stelle Istanbuls gilt. Das ist Kireçburnu, wo der Poyraz, der scharfe Nordwind vom Schwarzen Meer, mit ganzer Kraft die Meerenge trifft. In Kireçburnu aber lebte einer der interessantesten mystischen Denker, die ich kennenlernte, Hasan Lutfi Şuşut, dessen Werke inzwischen auch auf Englisch zugänglich sind. Ich hatte ihn mehrfach in seinem Büro in der Stadt gesehen, und der kleine schmächtige Körper ließ erkennen, daß Hasan Lutfi Bey ihn durch ständiges Fasten ganz in seine Gewalt gebracht hatte – war nicht Hunger, wie er im Einklang mit alten mystischen Traditionen sagte, „die Speise der Heiligen"? Ständige Meditation mit Atemkontrolle lehrte er, und sein Ziel auf dem Wege war das „Absolute Qualitätslose", das „Nicht-Sein", das von allem Geschaffenen völlig Verschiedene. Er glaubte, daß dies eine typisch türkisch-zentralasiatische Art des Gottesverständnisses war und lehnte die traditionelle Mystik ab. Nein, von mystischer

Liebe, von dem Überschwang der großen Dichter wollte er nichts wissen – „Entwerden“, zu Nichts werden, das war das Ziel.

„Je mehr du Nichts wirst, desto mächtiger wirst du“, belehrte er uns, während der Sturm an den Fenstergittern rüttelte. „Wie ein Steinmetz löst dich der Schmerz aus dem Steinblock“.

Er wußte freilich, daß der geistige Führer nur ein Leuchtturm, nicht aber das Ziel war: „aber er kann sein Licht nicht verstecken“. Während der eiserne Ofen glühte, versuchte er uns in die Welt des Absolut Anderen zu führen, und mich fror.

Beim Abschied schenkte er mir eine schöne türkische Handschrift mit Legenden des großen Gottesfreundes Abdulkadir Gilani. Doch der eisige Regen an der Bushaltestelle ließ mich Sehnsucht empfinden nach etwas Wärme, auch im geistig-seelischen Bereich.

Nein, ich zog die Gedichte meiner Freunde dieser Abstraktion vor, und freute mich, wieder an der Galatabrücke anzukommen, wo man die Menschen in ihrem täglichen Kampf ums Dasein beobachten konnte:

Manch einer rudert mühsam voran,
manch einer holt Muscheln von den Pontons,
manch einer steuert in Leichtern,
manch einer ist Schauermann, vorne am Tau,
manch einer ein Vogel, fliegend, poetisch,
manch einer ein glitzernder blitzender Fisch,
manch einer ein Dampfer, und mancher ‘ne Boje ...

Orhan Velis Verse klangen in mir nach, als ich meinen Weg nach Hause nahm.

Aber wie könnte man je genug von Istanbul sprechen?

Ein einz'ges deiner Viertel nur zu lieben,
ist schon ein ganzes Leben wert ...

sagte Yahya Kemal, und er hatte sicherlich recht. Ein Besuch in Eyüp sollte beschrieben werden, dem alten Friedhof, wo man, als die Stadt in muslimische Hände fiel, die Gebeine Ayyub Ansaris entdeckt hatte, des Fahnenträgers des Propheten. Die römischen Antiquitäten, die kostbaren Mosaike der Kariye sollten gebührend dargestellt, der Blick von Cihangir zur asiatischen Küste besungen werden. Ich müßte all der Kollegen gedenken, die ich in Istanbul traf, sei es Zeki Velidi Togan, der große baschirische Historiker, oder Ahmed Hamdi Tanpınar, der Literaturkritiker, dessen stimmungsvolle Gedichte ich liebte; an die Freunde, die mir immer neue Brücken bauten. Wie war es noch, als der Direktor der Kunstakademie, Zeki Faik Izer, mich einlud und mich zum ersten Mal die Rohrflöte der Derwische vernehmen ließ? Oder wenn wir Freundinnen uns bei Sofi Huri in der Amerikanischen Bibelgesellschaft trafen und dort nicht so sehr über Übersetzungsprobleme sprachen (das große Wörterbuch von Redhouse wurde dort auf den neuesten Stand gebracht), sondern über Fragen der Religion, der tiefen gemeinsamen Verbindungen zwischen Christentum und Islam? Oder wenn Robert Anhegger, dem die deutsch-türkische kulturelle Szene so viel verdankt, mich einlud, den berühmten Scheych Abdülbaki Gölpınarlı zu treffen, der eine der ganz großen Autoritäten für Mevlâna Rumi, die Mevlevis und tausend andere mich interessierende Fragen war, und der berühmte Mann, statt mich in die Tiefen der mystischen Literatur einzuführen, den ganzen Abend höchst dramatisch von den Zahnschmerzen seiner Katze berichtete? Tausende von Erinnerungen ziehen vorbei wie ein Film, bitter-süße Erinnerungen, aber immer durchglänzt von dem Licht des Bosporus.

Vielleicht so wie an jenem Tag, da wir eine antike Ruinenstätte auf der europäischen Seite des Marmarameeres besuchten. Die Frauen und Kinder waren zu einer nahen Quelle gelaufen; wir hockten unter einem Baum, in dessen Krone unzählige Vögel zwitscherten und sangen. Es war ein Lächeln in der Luft, und zwischen den geborstenen Säulen eines antiken Theaters wuchs roter Mohn. Das Meer dehnte sich leuchtend blau, erfüllt von der Geschichte und den Gedichten von tausenden von Jahren. Istanbul – gewoben aus Wasser und Licht ...

So war das Ende des Frühlings: wie
Musik, eine heimliche Harmonie ...

Ankara

„Wenn Sie morgen noch keine Wohnung gefunden haben, Hocam“, sagte meine junge Assistentin, „dann müssen Sie Hacci Bayram einen Besen geloben. Das hilft bestimmt!“

Nun, schaden konnte es auch nicht, und nach wenigen Tagen zogen wir triumphierend zum Heiligtum des Ankaraer Stadtheiligen neben den römischen Ruinen, um dort den gelobten Reiserbesen zu deponieren. Früher gelobte man (nicht nur hier, sondern überall in der islamischen Welt), für so und so viele Tage oder Wochen das Heiligtum zu fegen; aber dies war sicher praktischer. Und meine Studenten halfen uns, obgleich sie alle fasteten (es war Ramazan), die Wohnung in kürzester Zeit bewohnbar zu machen. Mama nähte Gardinen für die scheinbar zahllosen Fenster, und eine Woche später kam der erste Gast, mein verehrter Lehrer Friedrich Heiler ...

Die so gefundene Wohnung (unsere vierte in drei Jahren) hatte drei Balkons. Der erste lag gen Südwest und überblickte die verkehrsreiche Straße vom Zentrum nach Küçükesat, auf der – theoretisch – alle zwanzig Minuten ein überlasteter Omnibus heraufkeuchte; jenseits des Abhangs war die weiße amerikanische Botschaft zu sehen, noch weiter hinten die klotzigen Ministeriengebäude, zwischen denen sich die große Ausfallstraße nach Westen hinschob. Der Horizont war begrenzt von Bergreihen, die zur Zeit des sommerlichen Sonnenuntergangs wie lila Wolken über den goldenen Staubschleiern der Stadt standen, sich manchmal auch wie stahlblaue Sägeblätter gegen einen brandroten Abendhimmel absetzten oder nach einem heftigen Regenschauer einem sanftgewellten bläulichen Strand glichen, der das durchsichtige, apfelgrüne Meer des Himmels begrenzte, auf dem lachsrosa Wolkenschiffe langsam ins Unbekannte glitten oder zu grauen Aschenflocken wurden.

Rechts und links der Straße, die sich bei plötzlichen Regenschauern in einen reißenden Strom verwandelte, schossen Apartmenthäuser in hektischem Wachstum aus dem Boden, standen monatelang halbfertig da und wurden in einem neuen Ansturm eilig fertiggebaut: die Bauherren hatten rechtzeitig das Gebiet der alten Weingärten für billiges Geld erworben. Oberhalb unseres Hauses an einer Kreuzung sammelten sich jeden Morgen bei Sonnenaufgang Dutzende von schnatternden Arbeitern, die, auf den Schutthalden sitzend oder lagernd, auf die Lastwagen warteten, die sie zur Arbeit bringen würden. Aus dem nahen Bäckerladen stieg der Duft von frischen Brotlaiben auf, die dreimal täglich gebacken wurden. In südlicher Richtung kam man schon bald in die alten Weinberge, und in einem weitausgedehnten Obstgarten stand ein hübscher achteckiger Bau, der eine Kapelle hätte sein können. Das hätten schon viele gedacht, erzählte der Besitzer uns triumphierend, aber es sei sein Sommerhäuschen, wo er sich vom Lärm der Stadt erholte. Im Mai glich der Garten einem Fliedermeer, und wir kehrten mit so vielen Blütenzweigen zurück, wie die Arme nur fassen konnten.

Der zweite Balkon blickte zum Nachbarhaus und auf den freien Platz zwischen den Gebäuden, wo Esel und Kühe sich Futter suchten (wobei die Kühe besonderen Geschmack an den in den Mülltonnen liegenden Zeitungen zu finden schienen), und oft sah man elende, arme Frauen, die im Winter die kostbaren Kohlenreste aus der Asche klaubten, oder Männer, die im Abfall noch ein paar alte Schuhe, einen Hut fanden und damit triumphierend weiterzogen.

Aber der dritte Balkon war am schönsten: unter ihm breitete sich Ankara in sanften Wellenlinien aus, gekrönt von der alten Burg, auf der der helle Uhrturm leuchtete. Hinter dem Garten des Hauses, in dem ein paar winzige Kastanien zu wachsen und blühen versuchten, senkte sich der Hügel einem schmalen Bach zu. Auch von dort krochen Neubauten von Monat zu Monat näher. Oft wanderten Männer den zur Stadt führenden Pfad hinab, ihre Esel ganz mit großen roten Tonkrügen beladen. Sie gingen nach Cebeci, wo zahlreiche Universitätsgebäude das Bild bestimmten; die Minarets der kleinen alten und der großen, von Jahr zu Jahr zahlreicher werdenden Moscheen leuchteten in den Ramazannächten und an *kandıl*-(Lichter-)Tagen, wie dem Geburtstag des Propheten, im Schmuck ihrer Lichterkränze; sonst verschwanden sie im Häusergewirr. Bergketten schlossen das Bild nach Norden ab, und bei jeder Beleuchtung entdeckte man entferntere Gipfel, die im Frühjahr noch Schneehauben trugen, während es in der Hauptstadt schon taute. Im Osten aber stand streng die Silhoutte des Hüseyin Gazi, des schöngeformten Berges, der Ankara beschützt. Der Gipfel mochte seit uralten Zeiten den Menschen heilig gewesen sein; jetzt wurde seine Geschichte auf den Glaubenskämpfer (Gazi) Hüseyin zurückgeführt, der hier als Glaubenszeuge gegen die Byzantiner im 12. Jahrhundert gefallen sein soll; man sagte, sein riesiger Arm sei dort begraben.

Um 1880 hatten Räuber das Heiligtum zerstört, den dort wohnenden Scheych und seine Familie niedergemacht. Mit meinem Assistenten und einigen Studenten bestiegen wir einmal den Gipfel, nachdem uns ein Lastwagen auf halbem Wege bei Steinbrüchen abgesetzt hatte. Es war ein mühseliges Klettern über Fels und Schotter; aber Hikmet, mein Assistent, war überzeugt, daß die kleine Wolke, die fast immer vor der Sonne stand und uns vor der schlimmsten Julihitze schützte, dem Segen des Heiligen zu verdanken war. Noch pilgern Bauern und Städter zum Gipfel: Puterfedern lagen um eine alte ausgemauerte Grube, die offenbar zum Aufnehmen des Opferblutes bestimmt war; Münzen klebten an der Wand der Ruine. Kerzenstummel und Rußflecke zeigten, daß nicht wenige Besucher kamen.

An kühlen Sommermorgenden sah man Hüseyin Gazi sich scharf gegen den zitronengelben Himmel abzeichnen, während die Stadt, langsam aus den silbernen Morgennebeln aufsteigend, Hügel um Hügel Gestalt annahm; bei den häufigen Nachmittagsgewittern erschien oftmals ein leuchtender Doppelregenbogen in den stahlblauen Wolken, die den Berg umzogen: im Winter zauberte die Abendsonne rosa und bläuliche Schatten in sein erstes neues Schneekleid, und in Vollmondnächten stieg der brennend kupferfarbene Mond direkt aus den Berg-Schluchten auf, während der kühle Nachtwind erwachte.

Kurz bevor wir Ankara verließen, wurde auf der Wiese hinter unserem Hause ein Hammel geschlachtet und, nachdem der Baugrund derart geweiht worden war, eine riesige Baugrube ausgehoben. Das geplante Haus hätte uns den geliebten Hüseyin Gazi, verdeckt ...

Ich war erstmals im Spätsommer 1953 nach Ankara gekommen und wurde auf dem Bahnhof von Brieffreunden abgeholt: nach meinem ersten Aufenthalt in der Türkei erhielt ich eines Tages ein Päckchen mit Zeitschriften namens *Sohbet*, „Gespräch“, ein Ausdruck, der vor allem für das belehrende Gespräch zwischen mystischem Führer und Jünger verwendet wird. Mit dem Herausgeber. Ismail Hüsrev Tökin, entspann sich ein intensiver Briefwechsel, und er und seine muntere, gar nicht so mystisch wirkende Schwester Mehpare warteten nun auf mich, Wohlvorbereitet durch einen Tag religiösen Fastens. Erst später erfuhr ich, wie immer in kleinen Bruchstücken, daß Hüsrev, der damals eine führende Stellung in der Eisenbahnverwaltung einnahm und später Direktor bei der Yapı ve Kredi Bankası, dann

Generalsekretär der Türkischen Handelskammer in Istanbul wurde, zu den führenden politischen Ökonomen des Landes gehörte; nach einem Studium in Moskau nach dem Ersten Weltkrieg, wo eine Gruppe von sechs türkischen Studenten Wirtschaftswissenschaften studierte, hatte er mit Kollegen die sogenannte *Kadro*-Gruppe in Ankara gegründet, die durch ihre radikalen ökonomischen Untersuchungen und Theorien eine bedeutsame Rolle in den späten zwanziger Jahren gespielt hatte. Zahlreiche Werke und Aufsätze zur Wirtschaftstheorie entstammten seiner Feder — aber ich lernte ihn nur als intensiv an sich arbeitenden Mystiker kennen, der die religiöse Tradition seiner Eltern wiederentdeckt hatte und in sich zu verwirklichen suchte. Durch die Gespräche und den noch immer andauernden Briefwechsel mit ihm erfuhr ich viel.

Hüsrev und Mehpare brachten mich in das Haus ihres Freundes, meines Gastgebers: es war Selahettin Batu, der, obwohl Professor der Tierheilkunde, mir in erster Linie als Dichter bekannt war; neben tiefgefühlten Gedichten schrieb er vor allem Dramen, die Themen aus der türkischen Volkssage (wie *Kerem und Asli*) aufnahmen oder auf uralte türkische Legenden zurückgingen. Doch das eindrucksvollste Stück des in Deutschland ausgebildeten Selahettin Batu war sein Drama „Helena bleibt in Troja", das – wohl zum ersten Mal im türkischen Sprachraum – das Motiv der Helena aufnahm und das in deutscher Nachdichtung durch Bernt von Heiseler 1974 bei den Bregenzer Festspielen großen Erfolg hatte.

Das Haus Batus war ideal für mich. In dem Stadtteil Bahçelievler gelegen, der damals seinen Namen „Häuser mit Gärten" voll verdiente, war es schön und modern eingerichtet, die liebenswürdige Hausfrau, der Sohn (den ich dreißig Jahre später als türkischen Botschafter in Islamabad wiedertraf), das blonde Töchterchen Ciğdem, „Krokus" und eine große weiße Katze leisteten mir Gesellschaft.

Salahettin Batu in Marburg 1955

Was für schöne Gespräche gab es in den folgenden Wochen! Und wie viele neue Freunde gewann ich – zum ersten Male hörte ich das *Yunus Emre Oratoryosu* als Adnan Saygun, der Komponist dieses mitreißenden Oratoriums, uns besuchte: die Art, wie er klassische Derwischmusik und moderne Klangwelten miteinander verschmolzen hatte, war etwas völlig Neues für mich (und wohl nicht nur für mich). Şevket Süreyya Aydemir kam, dessen Erinnerungen, *Suyu arayan Adam* (Der Mann, der nach Wasser sucht) eine eindrucksvolle Schilderung seiner Studentenjahre in Moskau und seiner Rückkehr in die türkische Heimat boten. Auch Suut Kemal Yetkin gehörte zu den Gästen, und durch ihn – Literaturkritiker und Kunsthistoriker – erfuhr ich erstmals von der neugegründeten *Ilâhiyat Fakültesi*, die nach dem Wahlsieg der Demokraten 1951 in Ankara gegründet wurde und an der er türkische-islamische Kunstgeschichte lehrte.

Oft sah ich Hüsrev oder ging mit Mehpare an den schönen Spätsommerabenden ein bißchen spazieren, wobei wir uns, wie ich gestehen muß, mehr über weibliche Probleme und Nicht-Probleme als über hohe Mystik unterhielten; das überließ ich ihrem von mir sehr verehrten Bruder.

Und andere Bekanntschaften taten sich auf, die durch einen in Marburg studierenden türkischen Germanisten initiiert waren, der uns in vielen Worten von seiner „mystischen Tante“ erzählt hatte. So kam ich in den Kreis, der zu Samiha Ayverdi gehörte, und bald war ich mit Nezihe Araz, Mualla und Müjgân, der Bibliothekarin, eng befreundet. Sie halfen mir auch, in den Handschriftenschätzen der Universität zu arbeiten. Mit diesen Freundinnen hatte ich ein seltsames Erlebnis: Wir besuchten eines Nachmittags die *Evkaf*-Verwaltung, deren damaligen Leiter wir gut kannten. Die Tür seines Büros tat sich auf; ein trat ein bäuerlich aussehender Mann, der einen anderen mit sich führte, hager, bärtig, mit tiefliegenden Augen und einer unerhört starken Ausstrahlung, freilich einer beunruhigenden. Der Gast – aus Malatya stammte er – begann zu erzählen, daß sein Begleiter Hasan Dede ein sehr heiliger Mann sei, der seit dem vierzehnten Lebensjahr nichts mehr gegessen und kaum geschlafen habe; nur von etwas Tee mit Zucker ernähre er sich. Der beunruhigende Mann warf mit kehliger Stimme ein, ja, Hazret Ali sei ihm im Traum erschienen und habe ihm das empfohlen, und er sei seither dreimal zu Fuß nach Kerbela im Irak gepilgert ... Er war also Schiit, der jenes Zentrum schiitischer Passionsfrömmigkeit, wo am 10. Oktober 680 der Prophetenenkel Hüseyin von den Regierungstruppen geschlagen worden war, voller Andacht besucht hatte. Wir vier Mädchen sahen ihn ungläubig an, aber er wandte sich zu mir: Nun wandere er durch die Welt und erinnere die Menschen daran, daß das Jüngste Gericht nahe bevorstehe, ja, und bald wollte er nach Deutschland kommen, um dort die Menschen zum wahren Glauben und zur Gottesfurcht zu rufen ... Uns schauderte, und unser Schauder wuchs, als sein Führer meinte, wenn wir das alles nicht glaubten, sollten wir nur sehen, wie sein Körper aussähe. Der Mann wickelte sich aus Hüllen und Hüllen wollener Tücher und Hemden und stand vor uns, mit nacktem Oberkörper – ein völliges Skelett, nur mit pergamentähnlicher Haut überzogen. Es war ein wahrhaft schaudererregender Anblick, und wenig später verließen wir das große

Gebäude nahe dem Ulus, in der Mitte des modernen Ankara, zitternd und bebend, und wußten nicht, was tun. Für mich war die Begegnung freilich nicht nur erschreckend, sondern auch hilfreich: ich arbeitete damals gerade an der Biographie eines frühen Heiligen aus Schiras, der wegen seines ununterbrochenen Fastens berühmt war. So dürfte er wohl ausgesehen haben, dachte ich; doch ich hoffte, er habe eine gütigere Ausstrahlung besessen. Unser Derwisch aber ist ein paar Jahre später wieder in Ankara aufgetaucht und lebte bei einer politisch führenden Familie ...

Der erste Aufenthalt in Ankara ging schnell vorüber; aber da ich meinen ersten türkischen Vortrag gehalten hatte, als islamfreundlich galt und zudem meinen zweiten Doktor kurz zuvor in Marburg in Religionsgeschichte erworben hatte, schien ich der Ilâhiyat Fakültesi eine ideale Kandidatin für den unbesetzten Lehrstuhl für Religionsgeschichte. Daß ich eine nicht-muslimische Frau war, spielte dabei keine Rolle. (Hätte eine evangelische Theologische Fakultät wohl eine muslimische Kollegin berufen?) Und so entwickelte sich im Laufe der folgenden Monate dieser Plan, und als mir der Vorschlag gemacht wurde, am 1. November 1954 in der Fakultät zu beginnen, sagte ich freudig zu. Es schien eine ideale Gelegenheit, nicht nur in meiner geliebten Türkei zu lehren, sondern auch selbst vieles an praktischer Islamkunde zu lernen.

Die Ilâhiyat Fakültesi war ein Versuch, türkische Theologen auszubilden, die bei allem Respekt vor der islamischen Tradition auch über die moderne, westliche Wissenschaft Bescheid wußten, qualifizierte Imame und Prediger und Lehrer für den langsam zumindest in einigen Schultypen nach Jahren der Religionslosigkeit wieder eingeführten Religionsunterricht zu erziehen: Männer und Frauen, die etwas von europäischer Philosophie, von Religionssoziologie und vor allem vergleichender Religionsgeschichte wußten, aber auch mit dem Koran und den Traditio-

Suut Kemal Yetkin und Ziya Eğemen von der Ilâhiyat Fakültesi Amlar mit der Verfasserin

nen des Propheten (*hadis*), mit den Grundlagen des islamischen Rechts vertraut waren und die, statt den Koran einfach auswendig zu lernen, eine solide Kenntnis des Arabischen hatten. Kurz, es war ein höchst interessantes Projekt, und als ich in die Fakultät kam, hatten wir etwa 400 Schüler, darunter auch eine Anzahl tüchtiger junger Mädchen (von denen keine damals ein Kopftuch trug), ebenso wie dort eine Reihe junger Offiziere ausgebildet wurden, um in der Armee religiöse Fragen zu beantworten, Probleme lösen zu können. Ich war fasziniert von den Möglichkeiten und unterrichtete (mit Hingabe, wie ich glaube sagen zu dürfen) Vergleichende Religionsgeschichte, beginnend mit den sogenannten „primitiven" Religionen bis einschließlich Christentum; der christlichen Lehre sowie der Kirchengeschichte war, zusammen mit dem Alten Testament und Judentum, das zweite der beiden Unterrichtsjahre gewidmet. Da es keine türkischen Bücher über Religionswissenschaft gab, mußte ich mein Lehrbuch selbst schreiben, und es gab den

Studenten eine erste Orientierungshilfe; als ich später eine bedeutend erweiterte Neuauflage vorbereitet hatte, verschwand das Manuskript auf geheimnisvolle Weise und wurde viele Jahre später in der Schublade eines verstorbenen Kollegen entdeckt, um wiederum ins Nichts zu verschwinden. So viel ich weiß, hat dennoch niemand es unter seinem Namen veröffentlicht ...

Was mich bei diesem Unterricht besonders interessierte, waren die Reaktionen der Studenten, die meist aus dörflicher oder kleinstädtischer, traditioneller Umgebung kamen. Ihre scharfe Ablehnung der indischen Welt, der vielarmigen Götter, entsprach genau der Haltung der Muslime im Subkontinent, deren einige vielleicht die hohe mystische Weisheit der Upanischaden als Parallele zur islamischen theosophischen Mystik anerkannten, die aber im allgemein dem Dschungel gleichen Hinduismus ganz verständnislos, ja, entsetzt gegenüberstanden, wobei das Kastensystem den im Koran verankerten Gleichheitslehren des Islam besonders entgegengesetzt war. Wenn es zum Christentum kam, so versuchte ich, die christologischen Lehren der Ost- und Westkirche, der protestantischen Gruppen und Sekten so klar wie möglich darzustellen, und immer wieder überraschte mich die Begeisterung der jungen Türken für Martin Luther; ein Mann wie er, so schien es ihnen, war genau das, was der Islam heute brauchte. Und es kostete mich nicht wenig Mühe, sie zu überzeugen, daß Luther alles andere als islamfreundlich war (hatte er nicht geschrieben: Erhalt' uns, Herr, bei deinem Wort und steur' des Papst und Türken Mord!)?

So versuchte ich, ihnen dafür die großen mittelalterlichen Theologen ihrer eigenen Heimat, Kappadoziens, näherzubringen, oder Gestalten wie Raymondus Lullus, der im späten 13. Jahrhundert so viele Anregungen aus der islamischen Mystik übernommen hatte. Die vom Koran gelehrte Verehrung Jesu, des letzten großen Propheten vor Muhammad, und seiner jungfräulichen Mutter war ihnen ja vertraut, und als ich davon sprach, daß moderne Christen zum Teil das Mysterium der Jungfrauengeburt leugnen, sprang eine Studentin empört auf: „Dann sind wir ja viel bessere Christen als die!" rief sie, und die Klasse stimmte zu. Und wir fanden, daß wir, mochten die theologischen Voraussetzungen auch in manchen Fällen ganz verschieden sein, doch vieles Gemeinsame entdecken konnten, wenn ich den jungen Leuten Kirchenlieder übersetzte. Denn welcher fromme Muslim hätte nicht Paul Gerhardts „Befiehl du deine Wege ..." aus vollem Herzen mitsprechen können? Solche Probleme diskutierten wir oft.

Ich nutzte auch die Zeit, um mich von Ali Alparslan, der damals Assistent für islamische Geschichte war, in die Kunst der Kalligraphie einführen zu lassen; er war ein bekannter Kalligraph des *nasta'liq*-Stiles, der „hängenden" Variante der arabischen Schrift, der in erster Linie in Iran, aber auch in Indien und der osmanischen Türkei verwendet wurde. Erst dadurch begriff ich, wie lange Übung nötig ist, die Feder korrekt anzuschneiden und auch nur einen der so einfach aussehenden Buchstaben in makellosen Abmessungen zu schreiben. Als Gesprächspartner über klassische osmanische Literatur und Kultur gab es Kemal Edip, der noch die alte Kunst der Chronogramme beherrschte, d.h. historische Daten dadurch ausdrückte, daß er sie zu einem sinnvollen Wort oder Satz formte, dessen Buchstaben das Datum ergaben – hat doch jeder arabische Buchstabe einen Zahlwert zwischen 1 und 1000. Wir waren entzückt, als er bei Stalins Tod einen Satz des Inhalts „Der Teufel ist zur Hölle gefahren" als Chronogramm erfand!

Die Fakultät, die zu meiner Zeit rund 400 Studenten hatte, wuchs später, und neue theologische Hochschulen wurden überall im Lande eröffnet, wo eine Reihe meiner damaligen „Kinder" dort lehren (oder, schwer zu glauben, bereits pensioniert sind); ja,selbst „Enkelschüler" vertreten zumindest einige Zweige der Religionsgeschichte in Ankara, Izmir oder Urfa.

Doch das sind spätere Entwicklungen. Im November 1954, als wir, mit dem Zug anreisend, eintrafen, war alles neu, und wir waren gespannt, was Ankara uns bieten würde. Zunächst bot es uns gastfreundliche Aufnahme bei Bademlis, die wir aus Marburg kannten: Dr. Niyazi hatte dort seine Fachausbildung in Anatomie gemacht. In ihrem gemütlichen Haus in Cebeci fanden wir erste Unterkunft, liebevoll betreut und umsorgt von Frau Naime, zärtlich geliebt von den drei wohlerzogenen Kindern. Niyazi gehörte zu einer alteingesessenen Honoratiorenfamilie der Stadt und erzählte wohl mit seinem leicht verschmitzten Lächeln, wie sein Ahn mit Timur (Tamerlan) Kaffee getrunken habe, als der zentralasiatische Eroberer im Jahre 1402 die Stadt Ankara eingenommen hatte. Und er konnte wunderbar von der Zeit berichten, in der er als junger praktischer Arzt in Ostanatolien gearbeitet und versucht hatte, den hartschädligen Kurden die Wunden zu verbinden, die bei Schlägereien entstanden waren: „... und keiner hat geschrieen. Hab' ich gesagt: ‚Muß doch weh tun...!', ‚Nein, Doktor, tut nicht weh!', ‚Muß aber weh tun ...' und so weiter, bis die klare Antwort kam: ‚Vor Doktor sagen »Tut weh«, ist Schande ...!'"

Auch für uns war Niyazis Hilfe in jenen ersten Monaten lebenswichtig, allerdings auf einem anderen Gebiet. Zwar stand mir auf dem Papier ein ganz ordentliches Gehalt zu (daß die türkische Lira gerade bei meiner Ankunft stark abgewertet wurde, war eine besondere Überraschung), doch Woche um Woche verging, ohne daß ich mein erstes Geld sah. Niyazi verbürgte sich für uns, für die Miete, für die Steppdecken, für die Kohlen, für den Besen und was man sonst noch am notwendigsten brauchte, und ohne ihn und seine Familie wäre der Anfang fast unüberwindlich schwierig gewesen. Immerhin – als ich einmal (es war schon gegen März) das Neue Testament aufschlug, fiel mein Blick auf den Brief des Paulus an die Galater, wo er klagt: „O ihr unverständigen Galater, ich fürchte aber, daß ich *umsonst* für euch gearbeitet habe!" Und der Gedanke, daß auch er offenbar hier, mitten in Galatien, Ähnliches wie wir erfahren haben könnte, erheiterte uns so, daß wir den Rest der Wartezeit besser überstanden.

Unsere erste Wohnung lag genau der Ilâhiyat Fakültesi in Cebeci gegenüber; mit ein paar schwarzbraunen Ziegendecken und einigen Bildern war sie bald recht gemütlich. Nahe hinter ihr, auf dem Hügel zur Rechten, wuchsen aber immer neue *gecekondus* heran, die seither auf alle Abhänge der Stadt gekrochen sind, da der Zuzug aus den ländlichen Gebieten ständig weitergeht, und heute wohnt ein Großteil der Menschen in Ankara in diesen eigentlich, wie der Name sagt, für eine „Nacht" (*gece*) erbauten Behelfsheimen.

Im Hof des Hauses lebten einige Katzen, die schneeweiße Ipek, „Seide", und ein häßliches, geflecktes Tier mit grellgelben Augen, von dem uns unsere Nachbarin, die bekannte Schriftstellerin Halide Nusrat Zorlutuna, erzählte, man nenne sie in der Nachbarschaft „Gestapo".

Der weiße Fakultätskater, eine echte Van-Katze mit einem grünen und einem blauen Auge, hielt sich vornehm zurück, doch wir wurden rasch Freunde. Auch Ipek vertraute der Fakultät: als uns einmal etwas Schweinefleisch mitgebracht worden war, das uns nicht vertrauenerweckend aussah, warfen wir's in den Hof. Ipek beschnupperte erstaunt das unbekannte Fleisch und schritt dann hocherhobenen Schweifes über die Straße, sicherlich, um sich ein Rechtsgutachten zu holen, ob man als gute türkische Katze das für Muslime verbotene Schweinefleisch verzehren dürfe. Das Gutachten fiel offenbar negativ aus.

Ein Kätzchen spielte auch die wichtigste Rolle in unserer zweiten Wohnung, die in einem Vorort lag. Mama erwachte eines Nachts von einem seltsamen Gefühl in den Kniekehlen, konnte nichts finden, suchte später wieder und fand ein winziges Kätzchen in ihrem Bett. Das gestromte Tierchen mit weißem

Huraira

Gesicht und weißer Brust stolzierte am Morgen wie ein wohlerzogenes Kind ins Wohnzimmer und adoptierte uns. Sie war unsere ganze Freude, und selbst Katzenfeinde konnten ihrem Cahrme nicht widerstehen – wer konnte ernst bleiben, wenn Huraira (das ist arabisch „Kätzchen“) plötzlich mit großen Kinderaugen aus dem Kragen eines Mantels blickte, wohin sie durch den Ärmel geklettert war? Dann wieder guckte sie hold hinter einer Reihe Bücher hervor, und wenn ich schrieb, legte sie sich als Pelzkragen um meinen Nacken; da sie immer sehr klein blieb, war das keine Last. Auch lernte sie, sich beim Ruf „Huraira, tot!“ in voller Länge flach vor den Eisschrank zu legen, aus dem dann etwas Eßbares hervorgezaubert wurde. Später begann sie zu husten; die Diagnose war: zerrissenes Zwerchfell, und sie überstand die Operation nicht. Ich war sehr traurig.

Dann fütterte ich ihre Verwandschaft, die sich zu den Lungenschüsseln im Flur drängte, allen voran Dschingizkhan, der riesge gestreifte Kater mit dem Mongolenschnurrbart; doch stärker als alle war eine elegante graue Katzendame mit smaragdgrünen schwarzgeränderten Augen, die mich immer an Sophia Loren erinnerte; die Schönheitskönigin verstand es, sich das beste Stück Fleisch zu sichern und ohrfeigte alle, die ihr im Wege saßen ...

Natürlich war unsere Katzenliebe nichts, verglichen mit der Fülle geschwänzter Gäste, die mein ehemaliger Arabisch-Professor in Berlin und und Ankaraer Kollege, Walther Björkman, und seine Frau beherbergten, fütterten, pflegten. Denn Katzen zu töten, gilt in der Türkei als große Sünde: „Wer eine Katze tötet, kann das nicht wieder gutmachen, selbst wenn er eine Moschee baute“, sagt der Volksmund. Und dann lebten die armen Kreaturen eben in den Mülltonnen, aus denen mildtätige Menschen sie nach Hause holten. Infolgedessen war Björkmans Apartement von 22 Katzen bevölkert, und ich sehe noch heute, wie eine davon hoch vom Schrank in eine auf dem Tisch stehende Schokoladentorte sprang und kunstvolle Muster auf der Tischdecke hinterließ...

Björkmans waren unsere nächsten Freunde unter den zahlreichen deutschen Experten, die in Ankara lehrten. Die Türkei hatte während der Nazizeit einer ganzen Reihe von deutschen Professoren Lehrstühle gegeben, und noch waren einige Kollegen aus der damaligen Zeit da, wie etwa der Musiker Eduard Zuckmayer, Bruder des Schriftstellers, der am Gazi Eğitim Enstitüsü unterrichtete und hohes Ansehen genoß. Auch nach dem Kriege hatte sich der Zuzug von deutschen Gelehrten fortgesetzt; Katharina Otto-Dorn lehrte viele Jahre islamische Kunst in Ankara, Rudolf Fahrner war als Germanist tätig, und man traf sich mehr oder minder regelmäßig bei den Veranstaltungen der Türkisch-Deutschen Freundschaftsgesellschaft oder bei Vorträgen in dem langsam heranwachsenden deutschen Kulturinstitut. Zu den türkischen Kollegen, die man dort sah, gehörten vor allem die Archäologen Ekrem Akurgal und Sedat Alp (die ich beide noch aus meiner Berliner Studienzeit kannte) sowie der Soziologe Yavuz Abadan. Besonders muß man der Tätigkeit des Kulturreferenten an der Botschaft, Friedrich von Rummels, gedenken; als ausgezeichneter Kenner des Landes und der Literatur und Verfasser des schönen Buches „Die Türkei auf dem

Weg nach Europa“, war er ein idealer Vertreter deutsch-türkischer Zusammenarbeit.

Doch war ich, infolge der besonderen Lage meiner Interessen, mehr mit türkischen als mit deutschen Freunden zusammen; denn, wie ich mir selbstsüchtig sagte, selbst die langweiligste türkische Einladung hatte immerhin den Vorteil, daß ich ein paar neue idiomatische Ausdrücke lernte, immer mehr von traditionellen Sitten erfuhr, vom ganzen ritualisierten Austausch der Höflichkeitsformeln, mit denen man sich unterhalten konnte – jene langen Dialoge, in denen in immer wieder neuen Formulierungen nach dem Wohlergehen gefragt wird, wie die bewundernden Ausrufe *elinize sağlık*, „Mögen Ihre Hände gesund bleiben!“ wenn man eine Speise, eine Handarbeit bewunderte; der Dank an den Besucher, indem man ihm *ayağınıza sağlik* wünschte, d.h. „Mögen Ihre Füße (die Sie zu uns getragen haben) gesund bleiben“; man lernte die verschiedenen Tonarten des Segens: *güle güle giyin*, „Tragen Sie es immer lächelnd“ (wenn man ein neues Kleidungstück trug), ja selbst *güle güle yakın*, „Verbrennen Sie es (nämlich die Winterbriketts) immer lächelnd“; die zahlreichen Formen des Lobes, der Abwehr des Lobes, die guten Wünsche für Eltern und Kinder kennen: *analı babalı büyüsün*, „Möge es mit Mutter und Vater aufwachsen!“, und wenn man sich nach dem Befinden des Babys erkundigte, kam die (für uns etwas überraschende) Antwort: „Es küßt Ihnen die Hände!“.

Besonders berührte mich die Sitte, bei einer Todesnachricht oder bei der Erwähnung eines Verstorbenen nicht einfach zu sagen: „So und so ist gestern gestorben“ ‚sondern es so zu umschreiben: „*O, dün sizlere ömür oldu*“ – Er wurde gestern zu „Möget ihr andern leben!“ – und vieles andere mehr, was mein Philologenherz entzückte. Ich erfuhr, welche kleinen Verse man spricht, wenn man den Neumond zum ersten Mal erblickt, kurze Gebete, die Segen für die folgenden Wochen erflehen. Besonders glückhaft war es, wenn man dabei einen „mondschönen“ Menschen ansah: hell und strahlend wie sein oder ihr Gesicht sollte der Monat werden. Hatte der Mond einen Hof, so waren das Engelsflügel.

Wenn man uns zum *iftar*, zum Fastenbrechen bei Sonnenuntergang im Ramazan, einlud, standen die Speisen schon auf dem Tisch, und man sagte, daß die wartenden Speisen in ihrer stummen Sprache Gottes Lob singen, bis der Augenblick des Fastenbrechens gekommen ist, wo man zunächst eine ungerade Zahl von Datteln ißt. Manchmal schickte eine Bekannte mir auch *aşure* das ist eine aus vielerlei Körnern und Früchten gekochte Speise, die ursprünglich bei den Schiiten am 10. Muharram gegessen wurde, dem Tag, an dem des Märtyrertodes des Prophetenenkels Hüseyin in Kerbela am 10. Oktober 680 gedacht wird. Die Speise, die an das aus lauter Resten zusammengewürfelte letzte Mahl des Märtyrers erinnern soll, ist aber jetzt ganz allgemein zur immer erhältlichen Süßspeise geworden.

Auch bei Beschneidungen waren wir Gast; *sünnet*, die Beschneidung, ist ja ein wichtiger Tag im Leben des Jungen. In früheren Zeiten wurde dieses Ereignis, durch das der Knabe zum rechten Mitglied der muslimischen Gemeinde wird, mit großem Pomp und Prunk gefeiert, und die Miniaturalben aus der osmanischen Zeit zeigen, was für Belustigungen aufgeboten wurden, damit der Sultanssohn von seinen Schmerzen abgelenkt wurde. Man feierte daher auch die Beschneidung vieler Jungen gleichzeitig, um sie besser mit Schattenspiel und Karagöz-Theater, mit Musik und Rezitation erheitern zu können. Und stolz ließ sich der kleine Patient, der in der Regel zwischen sieben und zehn Jahre alt war, in seinem feinen Festgewand, mit weißem Käppchen, fotografieren und erzählte uns, was er alles erlebt hatte.

Ich lernte in diesen Jahren die Formen des Grüßens, den Handkuß gegenüber Älteren, bei dem man dann die Hand an die Stirn zog, sowie den bei Derwischen üblichen gegenseitigen Kuß auf die verschränkten Hände, und vieles mehr, ebenso wie die Sitte, ältere Menschen, je nach Abstand mit *abla*, „ältere Schwester", *ağabey* (gesprochen ābī, „älterer Bruder", mit *hala* oder *teyze* (Tante väterlicher- oder mütterlicherseits) oder *amca*, „Oheim" anzureden. was dann noch durch andere Zusätze erweitert wird: Mehmet Amca Bey, „der geehrte Herr Onkel Mehmet". Sollte aber eine übereifrige europäische Konvertitin behaupten, daß alle Christen, einschließlich ihrer Eltern, natürlich in die Hölle kämen, so fand sich unter den Anwesenden sicher jemand, der leise bemerkte: *Yeni müslümanın ezanı minareyi yıkar*, – „Der Gebetsruf des Konvertiten zerstört das Minaret" – weil er nämlich so laut schreit ...

Es kam auch vor, daß bei Frauenzusammenkünften allzu viel „Wasser im Mörser geknetet", das heißt leeres Zeug geschwatzt wurde. Dann schlich ich mich davon, zog mich „wie ein Haar aus der Butter", obgleich es ja heißt: *Sabreden derviş muradına ermiş*, „Ein geduldiger Derwisch erreicht sein Ziel". Aber mein Ziel war meist der Schreibtisch.

Und wie viele Frauen kreuzten in jenen Jahren unseren Weg! Da war die alte Nachbarin, eine Flüchtlingsfrau, die zwar schon zur Zeit des Balkankrieges 1911 aus Jugoslawien nach der Türkei gekommen war, aber immer noch ein merkwürdig gebrochenes Türkisch sprach, in dem sie ihre Leiden klagte oder der jüngeren Nachbarin Ratschläge gab ... vierzehn Kinder hatte sie geboren, elf waren klein gestorben, ein Sohn war irgendwo in Ostanatolien begraben, die Tochter kurz nach der Geburt ihres dritten Kindes mit zwanzig Jahren an Schwindsucht dahingesiecht, der letzte Sohn meist auf Reisen. Die alte Frau hatte Perioden geistiger Umnachtung, kam ein halbes Dutzend Male zu mir, um zu fragen, ob sie wohl ihr Gebet schon verrichtet habe, und fand Trost darin, ihren Rosenkranz zu beten.„Du hast's gut", pflegte sie zu sagen. „Du hast einen Beruf, du hast goldene Armbänder – wenn ich so was gehabt hätte, glaubste, ich wär' bei meinem Mann geblieben?"

Erst von den älteren Brüdern geprügelt, bei denen sie nach dem frühen Tod der Eltern aufgewachsen war, mit 14 Jahren verheiratet und wieder verprügelt – „Aber Gott sei Lob, jetzt hab' ich's ja gut – du kommst direkt ins Paradies, *cennetliksin, cennetlik*", murmelte sie zufrieden, schlürfte ihren süßen Tee, den ich ihr gern brachte, mümmelte ein Stück Konfekt.

Manchmal sah ich ihre Verwandten zu ihr kommen, umfangreiche Frauen in schwarzen Gewändern, die zum Teil erst neu aus der Balkanheimat gekommen waren. Wie große Fledermäuse saßen sie auf dem Bett, das ich durchs Fenster sah, manche ein paar Stunden, manche blieben auch gleich ein paar Tage oder Wochen.

„Kann das alte Weib ja nicht leiden, aber hab' gesagt ‚Bleib' doch!' Ist ja wohl so Sitte", erzählte sie mir grimmig lächelnd, wenn wieder ein Besuch nach zehn Tagen das Haus verlassen hatte und sie sich bei mir erholte, indem sie sich auf meinen Divan hockte und mir beim Schreiben zusah. „Viel besser als zu den Nachbarinnen rennen ... hab' mal 'nen Prediger in der Moschee gehört, der hat gesagt, alles Böse kommt nur vom Klatschen mit Nachbarinnen ..." nickte sie wohlgefällig, und ihr langer Zopf wippte.

Die arme alte Frau hatte recht Es gab gewisse Nachbarinnen deren einzige Gesprächsthemen Kindererziehung und die intimsten Fragen des Ehelebens waren, allenfalls noch Kochen. Manchmal hätte ich bei deren Besuchen gern dem türkischen Aberglauben Folge geleistet und ihnen Salz in die Schuhe gestreut, die sie natürlich beim Eintreten auszogen, denn „dann geht der Gast rasch wieder". Oder ich hätte gern „hinter manchen hergefegt": dann kommen sie nie wieder. Und es schien ratsam ein wenig Rautensamen gegen den Bösen Blick in Reichweite zu haben ...

Es waren jene Frauen, die, von der traditionellen Lebensführung getrennt versuchten, europäisch zu sein: Zwar hielten sie, äußerlich am alten Familienideal fest – „Das Mädel hat doch zwei Brüder das wär' doch eine Schande wenn sie draußen arbeitete!" hieß es wohl von einem unzufriedenen älteren Mädchen das viel lieber ins Büro gegangen wäre, statt bei Verwandten Kinder zu hüten. Doch nur die äußere Hülle war bestehen geblieben, ähnlich wie bei ihren Äußerungen zur Religion: die in sich ruhende Sicherheit der Muslime war durch den Wandel geschwächt und konnte daher in bornierte Angriffslust umschlagen, der gesunde Nationalstolz in Chauvinismus. Andererseits fehlte solchen Frauen jede solide Kenntnis türkischer Traditionen, jede Wertschätzung türkischer Handwerkskunst: sie wohnten in Häusern, wo Plüschdecken mit Hundemotiven auf dem Tisch lagen, wo grelle importierte Satins den warmfarbigen handgewebten Materialien vorgezogen wurden, Teppiche mit schreienden Farben in großen Mustern statt der schönen alten Kelims den Boden bedeckten, während die feinen Kelims in irgendeiner Ecke zum Einwickeln unbrauchbarer Gegenstände verwendet wurden.

In solchen Frauen zeigten sich die Gefahren eines überstürzten Wechselns vom behüteten Dasein innerhalb der Familie zu Geschöpfen, die europäisch wirken wollten und nur das gleißende (und oft falsch gleißende) Äußere der europäischen Zivilisation sahen. Gerade in den fünfziger Jahren konnte man diese Unsicherheit besonders bei Frauen der Mittelschicht beobachten – zu jung, um noch im traditionellen Stil aufgewachsen zu sein, zu jung auch, um die gewaltigen Anstrengungen im türkischen Freiheitskrieg miterlebt zu haben, waren sie, wie mir schien, Wesen einer Zwischenwelt. Und ich dachte daran, wie sehr sich die türkischen Frauen im Freiheitskrieg engagiert hatten, wie groß die Opfer waren, die sie gebracht, die Hilfe, die sie den Soldaten geleistet hatten! War es nicht eine Frau, die einen der bekanntesten Romane über jene Zeit geschrieben hatte, nämlich Halide Edip, deren wegweisendes Werk in den späten zwanziger und dreißiger Jahren bewundert wurde?

Ich liebte die einfachen Dorffrauen, die ich oft besuchte, und obwohl sie weder lesen noch schreiben konnten, hatten sie einen unerschöpflichen Vorrat an Sprichwörtern, Rätseln, Gedichten und Geschichten, von uralten Weisheitsworten. Ihr Urteil war oft besser als das der halbgebildeten Städterinnen, und unter den niemals endenden Schicksalsschlägen, denen ihresgleichen seit Jahrtausenden in dem harten Leben Anatoliens ausgesetzt waren, versuchten sie tapfer weiterzuleben, mochte die Arbeit noch so hart sein. Eine von ihnen – ich weiß nicht mehr welche – lehrte mich Ibrahim Hakki Erzerumlus Vers:

Laß uns sehen, was Gott tut,
Was er tut, das tut er gut ...

Und auf der anderen Seite standen die zahlreichen Frauen, die alle Gelegenheiten ergriffen hatten, die das moderne Leben bot. Der Prozentsatz der Dozentinnen und Professorinnen in der Türkei lag in den fünfziger Jahren bedeutend, ja um ein vielfaches, höher als in Deutschland; in meiner Fakultät gab es außer mir noch eine Dozentin für europäische Philosophie und etliche Assistentinnen, die ihren Weg weitergegangen sind. In der Philosophischen Fakultät waren zahlreiche Lehrstühle mit Frauen besetzt, sei es in der Germanistik oder in der Islamischen Kunstgeschichte, wo Katharina Otto-Dorn eine bedeutende Anzahl von jungen Türkinnen in ihrem Fachgebiet ausbildete – heute stehen die türkischen Kunsthistorikerinnen mit an der Spitze in der islamischen Kunstgeschichte und wirken in der Heimat wie im Ausland. Das gleiche galt für Archäologinnen, die hethitische und römische Stätten ausgruben, wie für Historikerinnen – zu meiner Zeit war es Afetinan, die, als Vertraute Atatürks, eine wichtige Rolle im Türkischen Geschichtsverein spielte. Die medizinische Fakultät hatte damals bereits eine Dekanin, und heute scheinen Frauen besonders häufig zu Dekanen gewählt zu werden: fleißig und intelligent, widmen sie sich den Problemen der Studenten und der Verwaltung mit großer Energie. Daß meine Freundin Meliha, mit der ich seit meinem ersten Aufenthalt in Ankara befreundet bin, jetzt, da ich dies schreibe, Dekanin meiner alten Fakultät ist, beeindruckt mich besonders; und ich denke manchmal, wie stolz ihre Mutter auf diese Laufbahn wäre – ihre schöne Mutter, die, sehr früh verwitwet, ihre sieben Kinder alle zur Universität schickte und die Kraft zu einem solchen Unterfangen aus ihrem tiefen Glauben schöpfte: wenn ich ihrer gedenke, sehe ich sie immer beim Gebet, blütenweiß gekleidet ...

Hier gab es keinen Bruch zwischen islamischer Tradition und Modernität; die beiden Sphären fügten sich nahtlos ineinander.

In jenen Jahren traf ich auf Rechtsanwältinnen und Juristinnen, aber auch weibliche Offiziere, ja, Luftwaffenoffiziere – noch

Meliha Tarıkâhya-Ambercıoğlu mit Verfasserin, 1953

steht mir das klare schöne Gesicht einer jungen Frau vor Augen, die Ausbilderin bei der Luftwaffe war – tieffromm war sie und doch allen Anforderungen der Moderne gewachsen. Meine eigenen Studentinnen gehörten dazu, die später an die Imam-Hatip Schulen gingen oder selbst an der Universität lehrten. Man trug kein Kopftuch, außer – wie vorgeschrieben – beim Gebet oder der Koranrezitation; denn man war überzeugt, daß der Islam mit dem modernen Leben völlig vereinbar ist und man sich nicht durch Kleidersitten abzugrenzen brauchte.

Und wie manchen Abend saßen wir Freundinnen zusammen und sprachen von der Entwicklung der islamischen Welt, von den Frauen, die Herrscherinnen gewesen waren, von Dichterinnen, Kalligraphinnen und jenen, die in ihrem Haus die Macht ausgeübt, die Politik gesteuert, aber auch die Kinder in den besten Traditionen erzogen hatten. Hatte nicht auch Mevlâna Rumi, in dessen Verehrung wir alle uns begegneten, Jüngerinnen gehabt, in deren Häuser er ging, und hatte nicht eine seiner Nachfahrinnen aktiv an der Verbreitung des Mevlevi-Ordens mitgewirkt?

Mit den türkischen Freunden feierte ich gern *mevlût.* Das ist die Feier des Geburtstages der Propheten Muhammad, die am 12. Tage des dritten Mondmonats stattfindet. In der Türkei war es jedoch Sitte, daß man *mevlût* auch am vierzigsten Tag nach einer Geburt, nach einem Todesfall oder als Jahrgedächtnis rezitierte oder man konnte ein Gelübde ablegen, daß man, sollte dieser oder jener Wunsch in Erfüllung gehen, ein mevlût halten würde. Der Text, der bei solchen Gelegenheiten rezitiert wurde, stammte aus dem frühen 15. Jahrhundert. Das kindlich einfache *mevlûd-i şerif* des Bursaer Dichters Süleyman Celebi hatte seinen Ehrenplatz in der Türkei durch die Jahrhunderte bewahrt, obgleich Dutzende von Nachahmungen geschrieben wurden.

Wir hatten das mevlût in Berlin im Kolleg bei Professor Richard Hartmann gelesen, und es war der erste türkische Text, den ich wirklich mit Genuß laß und übersetzte, nachdem ich mich nur mit größer Mühe durch die langgewundenen historischen Texte des 17. Jahrhunderts durchgekämpft hatte; so war die lebendige Begegnung mit dem Werk Süleyman Celebis eine besondere Freude und eine immer wieder schöne Erfahrung.

Ein *mevlût* kann in einer Moschee gefeiert werden – als wir in Ankara ankamen, wurde eine solche Feier zu Atatürks Todestag am 10. November in der Süleymaniye in Istanbul gehalten. Meist aber war es eine Familienangelegenheit. Man lud Freunde ein, und Männer und Frauen getrennt sitzend, lauschten der schlichten Melodie, die immer wieder durch Koranrezitationen unterbrochen wurde. Es bewegte mich immer besonders, wenn der Sänger die eigentliche Beschreibung der lichtvollen Geburtsnacht erreichte, wo Amina, die Mutter des kunftigen Propheten, drei himmliche Frauen (eine davon Maria) herabschweben sieht, die ihr beistehen wollen; sie klagt über Durst und erfährt dann, daß sie sich selbst kaum noch vom Licht unterscheiden kann.

Und dann:

Kam ein weißer Schwan geflogen schwingenweich,
Streichelt' meinen Rücken stark sogleich ...

dann strich jeder Teilnehmer seinem Nachbarn oder ihrer Nachbarin über den Rücken, als ob das Wunder wiederholt werden sollte, von dem es dann heißt:

Ward der Glaubensfürst gebor'n zu jener Stund'
Ganz in Licht versanken Erd' und Himmelsrund.
Was geschaffen, wurde alles freudenreich,
Gram verging, die Welt fand neues Leben gleich,
Alle Stäubchen in der Welt – mit Freudenschrei
Riefen sie zusammen all: Willkommen sei!

Und dann begann das vielfach wiederholte *merhaba*, „Willkommen“, das alles Geschaffene der „Nachtigall des Schönheitgartens“, der, wie der Koran sagt, „als Erbarmung für die Welten gesandt“ ward, zuruft. Am Ende wurde Scherbet kredenzt, und die Gäste erhielten kunstvoll gedrehte Tütchen oder Päckchen mit Süßigkeiten.

Ich ließ einmal ein *mevlût* zu Hause lesen: Mein Buch über den Schiraser Mystiker Ibn Chafif, das in der Fakultätsserie gedruckt wurde, war erschienen, und ich wollte es feiern. Hafiz Sabri, unser Lehrer der Koranrezitation, kam und brachte einen blinden jungen Sänger mit, dessen Stimme gewaltig war, und wir bewunderten seine Ausdruckskraft, seine alles erfüllende Präsenz. Es war Kâni Karaca, der in den folgenden Jahren und Jahrzehnten zum berühmtesten Sänger religiöser Lieder, vor allem bei den Mevlevi-Zeremonien, geworden ist. Und das Zusammenwirken der beiden großen Künstler, die jeder die heiligen und geheiligten Texte auf seine Weise den Hörern nahe brachten, war etwas Unvergeßliches.

Am anderen Ende des Spektrums stand das Ankara Atatürks' manifestiert sichtbar in dem Anıt Kabir, dem gewaltigen Mausoleum, das die Stadt von dem zentralen Hügel aus überblickte. Wir gingen gern dorthin – die weite Anlage mit dem überaus schlichten Bau, mit den hethitischen Vorbildern nachempfundenen Löwengestalten, die vornehme Innenverkleidung mit dunklem Mosaik und nicht zuletzt der herrliche Blick über die Landschaft machte das Mausoleum (in dessen Seitenflügel später ein Museum für Erinnerungsstücke an Atatürk eingerichtet wurde) zu einem immer wieder anziehenden Punkt in der wachsenden Stadt.

Es wuchsen auch Museen und, später, Kunstgalerien; wir erlebten die Entwicklung des gewaltigen Hethitermuseums – jetzt Museum für vor- und frühgeschichtliche Kulturen, das aus dem alten Bedestan nicht weit von der Burg mit großem Geschick und feinstem Geschmack errichtet wurde: Hier hatte man den schönsten Eindruck von der vielschichtigkeit Anatoliens, und die Funde aus den Ausgrabungen von Çatalhöyük, Boğazköy und Yazılıkaya, aus griechischen und römischen Stätten ließen ahnen, wie reich der scheinbar karge Boden Anatoliens ist. Im Ethnographischen Museum dagegen konnte man Werke der Gebrauchskunst bewundern – Teppiche und Schmuck, schwere Seidenstoffe und kostbare Stickereien, wie man sie auch noch in manchen Familien fand. Und wenn man seine Besucher durch die Museen geführt hatte, konnte man sich noch ein wenig in dem zentralen Jugend-Park ergehen oder, zumindest in unseren Tagen, die Atatürk-Farm und den winzigen zoologischen Garten besuchen. Dort war die Wirkung der nie gesehenen Tiere besonders auf die anatolischen Besucher tief:

„Gelobt sei Gott!" rief ein bärtiger alter Mann beim Anblick des allerdings besonders häßlichen schwarzen Wildschweins aus. „Gelobt sei Gott, daß er uns verboten hat, ein so abscheuliches Tier zu essen!"

Aber wenn der große Pfau sein Rad schlug. brachen die Beschauer in beglückte Dankgebete aus.

Zum Ankara Atatürks gehörte auch ein Freund, der den Besuchern des Deutschen Kulturinstituts wohlbekannt war, obgleich wenige wußten, wer der stattliche weißhaarige Herr eigentlich war. Es war Tevfik Bıyıklıoğlu, der mit unermüdlicher Regelmäßigkeit alle Konzerte, Vorträge und Filme besuchte, die von der Botschaft und den deutschen Instituten geboten wurden, wenn er auch gelegentlich dabei einmal einschlummerte. Der 1888 Geborene hatte den ersten Weltkrieg als aktiver Offizier, zum großen Teil an der Balkanfront, mitgemacht; während des Freiheitskrieges wurde er Chef der Operationsabteilung der Westfront und als solcher enger Mitarbeiter Mustafa Kemal Paschas. Als militärischer Berater von Ismet (Inönü) Pascha nahm er an den Konferenzen von Mudanya und Lausanne teil und wurde im November 1926 zum Generalsekretär Atatürks ernannt, eine Stellung, die nur durch seine Tätigkeit als türkischer Botschafter in Moskau zwischen September 1927 und November 1928 unterbrochen wurden. Im Februar 1932 war Tevfik Bey Vorsitzender der türkischen Delegation der Genfer Abrüstungskonferenz.

Aber es war nicht nur der militärische Sektor, der ihn interessierte; er gehörte zu den Mitbegründer des *Türk Tarih Kurumu*, des Türkischen Geschichtsvereins, und ein Foto von 1930 zeigte ihn, wie er mit Atatürk und Afet Hanım, die zu unserer Zeit Professorin für neue Geschichte an der Ankaraer Universität war, den Plan des *Türk Tarih Kurumu* bespricht, dessen erster Vorsitzender er im Juni des gleichen Jahres wurde. Zahlreiche Werke zur modernen Geschichte stammten aus seiner Feder, unter denen *Trakya'da Milli Mücadele* (Der Nationalkampf in Trakien 1955–1956) das umfangsreichste ist, und seine militärischen Erfahrungen hat er als Lehrer an der Kriegsakademie zahlreichen jüngeren Offizieren mitgegeben. Durch ihn lernte ich viele Vertreter des hohen Militärs kennen, deren Bildung und Weltoffenheit mich beeindruckten.

Die neueste türkische Geschichte war für Tevfik Bey ein Stück seines eigenen Lebens – stundenlang wußte er Einzelheiten aus Atatürks Leben zu erzählen, die außer ihm wohl kaum jemand gekannt haben dürfte, und seine Detailkenntnis machte auch dem Laien die einzelnen Etappen des Freiheitskampfes verständlich. Unvergeßlich ist mir jene Stunde, da wir, mit einigen Freunden von Gordion zurückkehrend, auf seinen Wunsch nach Duatepe hinauffuhren. Hier stand Tevfik Bey, das Tal des Sakarya überschauend, wie ein Feldherr der Antike, und schilderte uns, wie Mustafa Kemal Pascha die Griechen immer tiefer ins anatolische Hochland hatte eindringen lassen, um sie von ihrer Basis Izmir abzuschneiden, wie sie auf die Linie Polatlı-Haymana vorgerückt waren ... und wir vermeinten die Heere dort unten zu sehen, mitzuerleben, wie die türkische Armee zusammengezogen wurde, und wie von diesem Hügel, auf dem wir unter strahlendem Himmel im kühlen Aprilwind standen, in den ersten Septembertagen 1921 der Gegenangriff begann, der die Griechen über den Sakarya zurückwarf und den türkischen Heeren den Weg nach Süden auftat. Wir glaubten diesen Kampf mitzukämpfen, der das Schicksal des türkischen Volkes entschieden hatte – nicht weit von dem Platz, da einst Alexander der Große den gordischen Knoten durchhauen hatte.

Es war das einzige Mal, daß Tevfik Bıyıklıoğlu die Stätte seiner größten Erinnerungen wieder besucht hat.

Er wollte sich nun damit befassen, seine Memoiren niederzuschreiben, wollte beim Türkischen Geschichtskongreß 1961 seine Freunde, vor allem Professor Jäschke, den profunden Kenner der Geschichte der Türkischen Republik, wiedersehen, doch der Tod seiner seit langem leidenden Gattin überschattete alles. Um der Einsamkeit Herr zu werden, schrieb er, und in seinem letzten Brief sprach er die Hoffnung aus, bald nach Deutschland zu kommen, um über eine deutsche Ausgabe seines Buches zu verhandeln. Ein plötzlicher sanfter Tod entriß ihn wenige Tage später seinen Freunden, und mit ihm sanken ungezählte Erinnerungen an die große Zeit der neuen Türkei zu Grabe...

Ankara war in den fünfziger Jahren im Grunde eine ideale Stadt zum Leben und Arbeiten; und vielerlei Gäste aus Europa und Amerika kamen, um mit uns die moderne Türkei und das islamische Anatolien zu sehen, sich über die so erstaunliche Ilâhiyat Fakültesi zu informieren. Das Gästebuch füllte sich. Freilich hatten wir gewisse Schwierigkeiten, einigen Damen zu erklären, daß hier Männer der verschiedensten Gesellschaftsschichten Arm in Arm gingen, ohne daß dabei etwas Sittenwidriges zu vermuten sei ...

Eine große Schwierigkeit lag allerdings darin, daß in jenen Jahren die wirtschaftliche Lage der Türkei miserabel war. Kaffee war nicht zu finden, was als Butter verkauft wurde, war ziemlich entfernt von unseren Vorstellungen, und wenn auch in den Schaufenstern der Fleischerläden die Hammel aufgereiht hingen, mit einer bunten Krepp-Papierquaste anstelle des so begehrten Fettschwanes, wenn es allerlei Gemüse und auch Fisch gab – war es schwirig, zumindest für Europäer, gut zu kochen. Und wie oft geschah es, daß Mama zum kleinen Laden ging und fragte: „*süt?*" (Milch) und der freundliche Kaufmann sagte bedauernd: „*Milch yok*!" Yok, „nicht vorhanden" war in jenen Jahren für uns eine der wichtigsten Vokabeln, denn es gab wenige Dinge, die nicht dann und wann *yok* waren ...

Die treue Fatma, Frau eines Dieners in der Fakultät, half uns durch die wirtschaftlichen Probleme, und bei Wind und Wetter, fastend oder nicht, wanderte sie vom Burghügel zu uns, ein Fußweg von einer Stunde, oft schwerbepackt mit Dingen aus dem Haushalt, die uns unnütz, ihr aber nützlich schienen. Und wenn sie wirklich einmal gern etwas haben wollte, sah sie mich treuherzig an und flötete: „*Ablacığıiiim ben bir rüya gördüüüüm...*" Liebe ältere Schwester, ich hab was geträumt..., und nachdem ich das obligatorische „Möge es gut sein" gesagt hatte, kam es heraus: „Ablacigim, ich habe geträumt, du hättest mir ein Kleid geschenkt..."Und wie hätte man da widerstehen könne? Denn der Traum hat Wahrheitsgehalt, er ist, nach islamischer Auffassung, 1/46 des Prophetentums. Und Fatma verließ sich darauf...

Von Fatma lernten wir auch, wie man mit Ratten umgeht. Denn im Dezember 1957 gab es eine Wanderrattenplage in Ankara, und wir hörten mit großem Mißbehagen das Hin- und Herhuschen eines Tieres in unserem Badezimmer – im dritten Stock des Hauses. „Du darfst sie nicht totschlagen, Abla," sagte Fatma. „Sonst kommt der Ehemann oder die Ehefrau und klagt eine ganze Nacht um ihre tote Gefährtin." (Daß sie recht hatte, erwies sich ein Jahr später.)

So beschlossen wir den ungebetenen Gast höflich zu behandeln, nannte das Geschöpf „Adelgunde“ und klopften an, wenn wir ins Badezimmer wollten. Nie sahen wir Adelgunde, doch nach drei vier Tagen – es war der vierte Advent – war plötzlich keine Elektrizität mehr im Hause. Eilig herbeigerufene Handwerker (ja, Handwerker kamen auch sonntags!) schüttelten den Kopf.

„'s ist, als hätte 'ne Maus das Kabel durchgebissen“, murmelte einer, und sie versuchten ihr Bestes, während Mama und ich zum Adventsgottesdienst in der Botschaft eilten. Wie sehr stimmten wir in das Gebet des Pfarrers ein: „Herr, laß Licht werden in unseren Häusern!“ Und als wir heimkamen, war der Schaden behoben, und das Licht brannte. Es gab keine huschenden Schritte mehr an diesem Abend; doch als wir am Morgen ins Bad gingen, lag mitten im Raum ein frisches Stück rosa Lux-Seife, das ganz feine Spuren von Nagezähnchen trug. Adelgunde hatte es irgendwo gestohlen und uns – offenbar als Dank für unsere Gastfreundschaft – als Weihnachtsgeschenk offeriert.

In jenen Jahren aber entwickelte sich auch eine Beziehung, die meinen späteren Weg beeinflussen, ja formen sollte: ich hatte mich seit langem mit der Poesie Muhammad Iqbals, des „geistigen Vaters von Pakistan“, befaßt und 1957 eine deutsche Nachdichtung seines großen persischen Epos, des *Javidname*, veröffentlicht, das des Dichters Himmelsreise in Begleitung Mevlâna Rumis besingt und ein Schlüsselwerk für das Verständnis von lqbals dynamischer Religionsphilosophie ist. In Ankara hielt ich zahlreiche Vorträge über Iqbal, schrieb Zeitungsartikel an seinem Geburtstag und seinem Todestag, und der erste pakistanische Botschafter, den ich dort traf, Mian Aminuddin, war der Onkel des Ehemannes von Iqbals Tochter Munira. So war eine lebendige Brücke gefunden, die auch mit seinen Nachfolgern und anderen Mitgliedern der Botschaft fortdauerte. Und meine türkischen Freunde bedrängten mich immer mehr, doch das *Javidname* auch ins Türkische zu übertragen. Daß das nicht in poetischer Form geschehen konnte, war klar; aber weil das Werk so vielschichtig ist, beschloß ich, einen Kommentar dazu zu schreiben, und der eigentliche Initiator des Projektes, der frühere Kultusminister Hasan-Ali Yücel, war immer bereit, mir mit Rat und Tat beizustehen. Und da die Werke Iqbals damals noch nicht in Ankara zu finden waren, konnte ich meine Exzerpte aus seinen anderen Schriften in der überreichen Bibliothek von Kâzim Gülek machen, der in jenen Jahren eine wichtige politische Rolle spielte. Daß ich in Hasan-Ali Yücels Haus auch Mahmud Makal traf, einen Lehrer an einem *Köy Enstitüsü* (Dorf-Institut) und Verfasser des Büchleins *Bizim Köy*, „Unser Dorf", sei nur am Rande erwähnt; ich las ergriffen das schmale Bändchen, in dem das Elend, die Rückständigkeit und die Kümmernisse eines abgelegenen anatolischen Dorfes in knapper, klarer und gerade deshalb so erschütternder Weise geschildert werden. Daß Verfasser und Buch von gewissen Kreisen stark angefeindet wurden, ist klar – zu unwahrscheinlich schien solches Elend in einem Land, das sich doch mit allen Kräften bemühte, modern zu werden.

Hasan-Ali Yücel aber, nicht nur am sozialen Fortschritt interessiert, sondern auch Autor tiefgefühlter Gedichte zu Ehren Mevlâna Rumis, sorgte dafür, daß das große Werk Iqbals als *Cavidname* schön gedruckt 1955 erschien, und es war ein Erfolg. Das schönste Echo war ein langer Brief von einem *garson,* Kellner, aus Ostanatolien, der hier eine Vorstellung vom Islam fand, die seinen Träumen entspreche, und der mir in rührenden Worten dankte.

Die Stadt Konya errichtete später einen Gedenkplatz für Iqbal im Garten des Mausoleums Mevlânas; ich aber flog im Januar 1958 erstmals nach Pakistan, das in den folgenden drei Jahrzehnten meine Interessen stärker als jedes andere Land angezogen hat. Und gab es nicht auch eine starke türkische Tradition im indischen Subkontinent? Die türkische Autobiographie des ersten Großmoghuls, Babur (regierte 1526–1530), die traditionelle Erziehung der Moghulprinzen auch in der Sprache ihrer zentralasiatischen Ahnen, Lehnwörter im Urdu (dessen Name selbst türkisch ist: ordu, Heer, Heerlager), und vieles mehr zeugt davon. Nicht zu vergessen die traditionelle Freundschaft der Muslime des indopakistanischen Subkontinents mit den Türken, die sich in der *Medical Mission* während des Balkankrieges, in der Kalifatsbewegung nach dem ersten Weltkrieg ausdrückte. Und wenn Iqbal manches Mal die Wandlung der Türkei unter Atatürk kritisch beobachtet, die Verwestlichung beklagt hat, so war er doch, im Gegensatz zu den Anhängern der Kalifatstheorie, der Auffassung, daß die türkische Nationalversammlung völlig legitim die Führung des Landes und Gesetzgebung übernehmen könne. Noch in einem seiner letzten Briefe schrieb er: „Wir hören immer wieder, die Türken hätten den Islam abgelehnt. Eine größere Lüge ist nie verbreitet worden."

Und so führte mein Weg mich von Ankara in den indo-pakistanischen Subkontinent.

Erholsame Reise zum Opferfest nach Kilis.

Das Telefon klingelte. „Habt ihr Lust, zum Bayram mit nach Kilis zu kommen? Es wird bestimmt interessant, und ihr könnt euch von Ankara erholen!"

Mama und ich sahen uns an. Wir kannten das Vehikel, in dem diese Reise vor sich gehen sollte; wir hatten es Düldül genannt das ist der Name des segensvollen weißen Maultiers von Hazret Ali dem Schwiegersohn und Vetter des Propheten Muhammad und ersten Imam der Schiiten, und Düldüls übernatürliche Qualitäten sind oftmals in volkstümlichen Versen besungen worden. Das Auto, ein uralter Hillman, schien nicht viel mehr als eine Maultierstärke zu haben; es war starrsinnig wie ein Maultier, aber auch wie mir immer klarer wurde, von legendenwürdiger Geduld; und es erzog uns zu guten Werken: niemals versagten wir jemandem auf den staubigen Straßen Hilfe – denn könnte nicht Düldül eine Stunde später auch Hilfe benötigen?

Wir wußten also: Erholung versprach diese Reise nicht, doch Kilis an der syrischen Grenze interessierte uns. So machten wir uns an einem heißen Julimorgen von Ankara aus auf, nicht ohne noch den Schulmeister von Kilis, der zum Opferfest gern bei seiner Familie sein wollte, aus dem Krankenhaus entführt zu haben.

Wie immer entzückte uns die weite inneranatolische Landschaft, doch statt auf dem vertrauten Weg nach Konya bei

Kilometer 100 abzubiegen, ging es nach links, und der große Salzsee glitzerte rechts von uns wie Aquamarinkristalle. Die schön geformte Kuppe des Hasan Dağ, in seiner Form dem Fujiyama ähnlich, wurde immer deutlicher; mit seinen 3200 Metern überragte er die Hochebene um rund 2000 Meter. Hier, zu seinen Füßen, war der Eingang nach Kappadokien, das im Osten vom größeren Bruder des Hasan Dağ, dem Erciyas, begrenzt wird: die beiden erloschenen Vulkane umgrenzen die wohl geheimnisvollste und faszinierendste Landschaft Inneranatoliens, das Tal von Göreme und Ürgüp mit seinen *peri bacaları*, den „Feen-Schornsteinen", die das Tal einer Mondlandschaft gleichen lassen.

Diesmal hielten wir kurz in Akseray, dessen schlichtes rotes Ziegelminaret von der Zeit zeugt, als die Stadt eine wichtige Festung der seldschukischen Herrscher war, belebt durch den plätschernden kleinen Fluß, der zwischen Weiden floß. Eine liebenswerte Bevölkerung wohnte hier, die auch den wenigen in der Gegend verbliebenen Armeniern freundlich entgegenkam – einmal erlebte ich dort eine armenische Verlobung, bei der alle Honoratioren der Ortschaft teilnahmen und in schönster Eintracht feierten, während goldene Kreuze auf der Brust der jungen Armenierinnen glänzten.

Der Weg nach Süden wurde heißer; Kamele, mit großen Strohballen beladen, zogen vorüber wie seit unvordenklichen Zeiten. Kleine Dörfer waren fast unsichtbar im gelblichen Glast der Steppe. Ein Tatarendorf war darunter, wo sich vor dem Ersten Weltkrieg Krimtataren niedergelassen hatten; bei einem späteren Ausflug sahen wir dort ein Brauthaus, dessen Inneres mit Dutzenden bunter Tücher geschmückt war, Geschenke für die Braut, die zeltgleich sternförmig an der Decke aufgehängt waren. Auf den Regalen blitzten Töpfe und Pfannen. Die kleine aschblonde Braut war fünfzehn: denn Mädchen sollen ja möglichst früh verheiratet werden, damit sie nicht auf Abwege geraten ...

An den steinernen Häusern von Taşpınar, wo braungrundige Teppiche geknüpft wurden, führte der Weg nach Bor, einem Städtchen, in dem sich damals eine riesige Sammlung von Andenken an Atatürk befand, gesammelt von einem seiner Getreuen, der mit unendlicher Hingabe jede Tasse, jeden Knopf und auch noch intimere Dinge des Gazi zusammengetragen hatte.

In Bor platzte Düldüls Reifen, gerade als der Ruf zum Mittagsgebet erklang. Die Männer verrichteten ihr Gebet im Heckenschatten, das Rad wurde gewechselt, und weiter ging es durch das Land, das am Südrand von den blauen Taurusbergen begrenzt wurde. Wie oft dachten wir an die wandernden Volkssänger Anatoliens, die hier durchgezogen waren, wandernd und betend, wandernd und singend:

Ich ward zu Staub auf deinem Weg ...

klagt der größte von ihnen, Yunus Emre, um 1300:

Bald weh' ich, wie der Wind es tat,
bald staub' ich, wie ein Weg voll Glut,
bald fließ' ich, wie der Wildbach tut -
Sieh, was die Lieb' aus mir gemacht ...

Nur wer die endlosen staubigen Straßen Anatoliens kennt, wer das plötzliche Einbrechen eines *sel*, eines Wildbaches, erlebt hat, kann ermessen, wie echt die Verse Yunus Emres sind.

An diesem Tage war nur Staub da, keine weinende Wolke am Berggipfel, die, ihr Haar lösend, die Wanderer bedauerte; hie und da schimmerten Schneeflecken an der Nordseite der Berge. Der Weg wand sich langsam höher, und irgendwann am Nachmittag rasteten wir an einem kühlen Flüßchen, wo ein Lokal scharf gewürzte Köfte und köstlich frische Wassermelonen bereit hielt.

Dann quälte sich Düldül immer höher hinauf, bis zu der sagenumwobenen kilikischen Pforte, dem Gülek Boğazı, dort, wo einst Alexander der Große und Barbarossa und viele andere, die das warme Meer suchten, den Taurus überschritten hatten. Die Straße war eben von Felsbrocken geräumt worden, die ein Unwetter wenige Tage zuvor auf den Weg geworfen hatte. Da öffnete sich das Gebirge, und wir rollten auf guten Wegen auf Adana zu, das, umgeben von Baumwollfeldern, uns mit erstickender Hitze umfing. Zum Glück brachen wir schon vor Sonnenaufgang auf, fuhren durch die fruchtbare Ebene Ostwärts, an dem finsteren Yılankale, „Schlangenburg", und Toprakkale vorbei, durchquerten das in antiker und frühchristlicher Zeit so wichtige Missis (Massisa), das auch immer eine entscheidende Rolle bei den Kämpfen der muslimischen Araber mit den Byzantinern gespielt hatte. Da, wo einst Alexander bei Issus gesiegt hatte, lagerten Kamele in zeitloser Ruhe; im Westen ahnte man das Meer, im Osten hoben sich die Ausläufer des Taurus. Wir machten Halt in Dörtyol, wo eines der Mustergüter lag, die in allen Teilen der Türkei angelegt waren; dieses diente in erster Linie der Apfelsinen- und Pampelmusenzucht.

„Rund zwei Millionen Apfelsinen und eine Million Grapefruit haben wir letzten Winter (das war 1954–55) geerntet!" erzählte der Verwalter mit berechtigtem Stolz.

Wie sehr genossen wir den frischen Saft, der uns angeboten wurde! An Iskenderun vorbei trabend, stöhnte Düldül sich die zahlreichen Kurven des Belenpasses hinauf und wieder in das Tal des Amik-Sees hinab.

Der Weg teilte sich – rechts Antakya (Antiochien), links Gaziantep. Wir folgten der teilweise mit Bäumen bepflanzten Straße in nördlicher Richtung, aßen irgendwo (ich glaube in Kırıkhan) scharfgewürzte Köfte und fuhren im glühenden Mittagswind dicht an der syrischen Grenze entlang. Ein Stück der ausgedörrten Steppe brannte. Das mißfiel Düldül; es streikte, und als wir in der nicht allzu weit entfernten Reparaturwerkstatt unseren Tee tranken, rief der Schulmeister entzückt: „Welch gesegnetes Fahrzeug ist dies, ein Wunder von einem Auto! Wieder läßt es mich mein Mittagsgebet verrichten ...“

Der Nachmittag wurde immer heißer und der Schulmeister immer redseliger, seine Stimme immer lauter, je näher er der Heimat kam ... Erholung?

Vor uns ragte die Stadt Maraş wie eine wundersame alte Festung auf; man verstand, wieso dies seit altersher ein wichtiger und vielumkämpfter Grenzposten gewesen war, der zwischen Byzantinern und Arabern, zwischen verschiedenen arabischen und turkmenischen Dynastien, zwischen Arabern und Osmanen und schließlich nach dem Ersten Weltkrieg zwischen Franzosen und Türken oftmals den Besitzer gewechselt hat.

Dann wand sich der Weg wieder um Berge, um Hügel, und die Kurven schienen kein Ende zu nehmen. Die Sonne sank hinter fantastisch geformten und gefärbten Wolken („Es fällt ihr schwer. sich von Anatolien zu trennen!“ schrie der Schulmeister begeistert); die Ebene unter uns wurde mit seltsamen Farben zwischen violett und graurosa übergossen; fremdartige Vögel huschten durch die Dämmerung.

Als wir Gaziantep erreichten, war es schon dunkel; wir wollten dort übernachten, denn ich kannte ein paar freundliche Frauen in der Stadt. Sie kamen hin und wieder nach Ankara, um dort die überaus feinen Stickereien auf heller Seide anzubieten, die unter ihrer Anleitung von jungen Mädchen hergestellt wurden; während die Mädchen stickten, lernten sie Gebete und mystische Sänge. Wie viele Deckchen und andere Dinge habe ich im Laufe der Jahre von ihnen gekauft und mich an der Unterhaltung mit ihnen erfreut, selbst wenn sie manchmal schon um halb sieben Uhr früh an meine Tür pochten!

Aber nein, kein Gaziantep; Kilis war ja „nur“ noch 56 Kilometer entfernt; das würde Düldül doch schaffen. Todmüde ergaben wir uns in unser Schicksal; die Straße war glatt und eben, und alles schien gut zu gehen bis zu dem Augenblick, da die Batterie versagte und wir ohne Licht in einem flachen Straßengraben landeten. Wir stiegen aus; ein wunderbar weicher, warmer Wind umfing uns. Er kam von weither, und ich hätte mich am liebsten hingelegt, um einzuschlafen und die Träume des Windes zu teilen. Ein paar Lastwagen kamen von Kilis und konnten uns auch nicht helfen; endlich erfand einer der Fahrer etwas, wobei das Stanniol unserer einzigen kostbaren Tafel Schokolade eine entscheidende Rolle spielte, und so kamen wir doch noch lebendig ans Ziel.

Was war das für ein Ort! Besonders, wenn man nach zehn Uhr abends ankam, war man in einer Traumwelt: hohe, enge Steinhäuser, ganz verschieden von den vertrauten anatolischen, ziemlich flachen Lehmbauten; Durchgänge, Arkaden, Winkel gab es hier, und wir hätten uns nicht gewundert, wenn Harun al-Raschid höchstpersönlich aus dem Dunkel aufgetaucht wäre. Doch wir waren überrascht genug, als wir das Rasthaus betraten, in dessen oberstem Stock kleine saubere Zimmer mit hochangebrachten offenen Fenstern uns aufnahmen. Zwei uralte Männer – jedenfalls schienen sie uns uralt mit ihren runden Bärten und ihren altertümlichen Gewändern – besorgten das Hotel. Sie kochten uns umständlich den langersehnten Tee und gaben uns etwas zu essen, während der eine von seiner Pilgerfahrt nach Mekka erzählte ...

Das Hotel grenzte an den Moscheehof, und das hatte Nachteile. Denn im Hof waren einige Ziegen und Schafe für das Opferfest angebunden, die von Tagesanbruch an in rhythmischem Wechsel meckerten und böhten, böhten und meckerten, während von dem nahegelegenen Bazar der Kupferschmiede gleich nach dem Frühgebet das Kreischen des Metalls herüberklang.

Trotzdem fühlten wir uns ganz wohl in dem altertümlichen Haus. Aber unseres Bleibens war nicht lange: früh um neun stand der junge, flinke Bürgermeister vor unserer Tür und fand, es sei untragbar, daß so geehrte Gäste wie wir im Hotel wohnten, und mit unwiderstehlicher türkischer Gastfreundschaft lud er uns zu sich ein. Wir versuchten zwar zu widerstehen, aber als ein Polizist kurzerhand unsere Koffer ergriff und davoneilte, mußten wir folgen, folgen durch winklige Gäßchen, tunnelartige Bauten, an einer kleinen omayyadischen Moschee vorbei ... Das Haus war schön, nur hatte das dortige Schlafzimmer den Nachteil, daß es im Erdgeschoß lag und seine hohen gardinenlosen Fenster fast bis zur Erde gingen. Daß am nächsten Morgen unter unserem Fenster um fünf Uhr früh die beiden Hammel unter jauchzender

Frühstück in Kilis; im Hintergrund meine Mutter

Anteilnahme der drei Kinder geschlachtet wurden, wäre ja noch hingegangen, aber da dann die Gratulationscour im Hofe begann, bereitete uns das Aufstehen unter den Augen so vieler Zuschauer gewisse Mühe.

Aber sonst genossen wir die Gastfreundschaft der Familie. Tagsüber besuchten wir den Bazar, wo wir vergebens etwas Interessantes zu erstehen suchten (syrische Teppiche mit fünf röhrenden Hirschen auf rotem oder blauem Grund waren nicht unbedingt unser Geschmack). Immerhin gelang es uns, Mamas Schuhabsatz reparieren zu lassen; der Schuster, aus der Koranlektüre aufgestört, mußte erst einige Nägel aus der Wand ziehen, ehe das Werk vollbracht werden konnte.

Wir saßen auch in dem hübschen Stadtpark und tranken etwas Undefinierbares, das wie Lakritzenwasser schmeckte, und plötzlich erschien ein Mann gewaltiger Größe, der Deutsch sprach und Mama unterhalten sollte; er war der Inhaber der Zeitung von Kilis. Vom Dach der neuen Landwirtschaftsschule sahen wir hinüber auf die kaum fünf Kilometer entfernte syrische Grenze.

„Das ist Mardsch Dabik!" sagte unser Begleiter, und plötzlich fühlte ich mich in meine Studentenzeit versetzt. Mardsch Dabik, jenes historische Schlachtfeld, auf dem im August 1516 die osmanischen Heere die ägyptischen Mamluken unter ihrem greisen Sultan Qansauh al-Ghuri vernichtend geschlagen hatten! Wie oft hatte ich für meine Arbeiten die Beschreibung der arabischen Chronik des Ibn Iyas gelesen, der dieses Ende der mehr als 250jährigen Mamlukenherrschaft dramatisch geschildert hat – für einen Augenblick verwandelte sich das wehende Gras in die weiten Gewänder der Kadis, die auch mitgekommen waren, das Geschrei der Kinder auf den Straßen in die Schreie der berittenen Mamluken, die sich erstmals in größerem Maße einem Heer mit Feuerwaffen gegenübersahen, und für einen Moment wurde das dramatische Geschehen ganz lebendig. Hier, wenige Kilometer von uns, war der greise Sultan gefallen – ob vom

Schlag getroffen, ob an Gift, das er angesichts der Niederlage schluckte – man weiß es nicht, denn sein Leichnam ist nie gefunden worden. Aber mit diesem Sieg hatten die Osmanen unter Sultan Selim sich den Weg nach Ägypten – und das bedeutete auch, zu den damals in der Hand der Mamluken befindlichen heiligen Stätten Mekka und Medina – geöffnet, und der letzte Kalif, der die Mamlukenherrschaft legitimieren sollte, wurde von Selim nach Istanbul mitgenommen: ein Wendepunkt der islamischen Geschichte, durch den die Osmanen politisch an die erste Stelle im Nahen Osten rückten, als Bewahrer der sunnitischen islamischen Tradition erschienen. Gleichzeitig konsolidierte sich das Reich der Großmoghuln in Indien, und dazwischen war, wie ein schiitischer Keil, Iran geschoben, dessen Heere Selim zwei Jahre vor der Schlacht von Mardsch Dabik überwunden hatte.

Jetzt lag Mardsch Dabik unschuldig und friedlich vor uns; die Nähe der Grenze war für die Bewohner der Stadt, die zum Teil ihre Felder im kleinen Grenzverkehr bestellten, besonders durch die Möglichkeiten zum Schmuggel interessant: die grellbunten Satinkleider der kleinen Mädchen, die bonbonrosa und giftgrünen Hemden der Männer, die am Bayram durch den Park spazierten, zeugten von lebhafter Aktivität auf diesem Gebiet. Doch gab es auch Männer, die schön gestickte traditionelle Hemden trugen, und viele Frauen vom Dorf zeigten blaue Tätowierungen im Gesicht und an den Armen.

„Wir müssen auch den Scheych soundso besuchen“, hieß es. „Er ist ein so gelehrter Mann, und er hat persische Handschriften ...“.

Wir betraten sein schönes Haus, saßen auf der kühlen Veranda, angestarrt von den Frauen und Kindern der Familie, und erwarteten Großes. Zunächst kam eiskaltes Zitronenwasser, und dann der Gelehrte. Er grüßte uns huldvoll. Wir starrten ihn bewundernd an: ein blaugestreiftes, langes seidenes Übergewand, rote gebogene Lederschuhe, einen bunten Gürtel trug er und hatte um das bärtige Gesicht ein gelbes Tuch gewunden, das unterm Kinn zusammengebunden war; das Ganze war gekrönt von einem großen braunen Hut. Mit zahnlosem Munde lächelte er uns an, hieß uns willkommen, deutete auf Mama und sagte: „Meine Braut!"

Er ergänzte es dann dahin, daß er sich seine Braut fürs Paradies so denke. Wir lächelten geschmeichelt (allerdings übersetzte ich seine Wunschträume erst später für Mama, die andere Paradiesvorstellungen hatte).

Dann durfte ich seine Handschriften sehen, die jedoch nichts von Bedeutung enthielten, und als er sich von mir ein paar persische Verse – es waren Hafis-Zeilen – hatte vorlesen lassen, nickte er befriedigt und entließ uns in Gnaden.

Ich erholte mich an der nächsten Station, wo es herrliche arabische Pferde gab.

Wunderschön waren die alten Häuser, leuchtend hell von innen, mit glänzenden Steinfußböden, manchmal prächtigen Wandnischen und Wandschränken, aber unzugänglich von außen. Hier herrschten die Frauen, die Mütter, und die Mutter des Bürgermeisters, mit der wir eine Weile plauderten, erzählte uns mit schelmischem Lächeln, daß zu ihrer Zeit die Mädchen wohl lesen gelernt hätten, aber nicht schreiben – sie hätten ja sonst vielleicht einen Liebesbrief schreiben können! (Im Gegensatz zur Lateinschrift ist es schwierig, die Buchstabenverbindungen der arabischen Lettern ohne Lehrer zu begreifen – deshalb hatte Atatürk es für nötig gehalten, die Lateinschrift einzuführen, um sein Volk leichter und besser erziehen zu können.)

Wir erfuhren, daß Kilis, in früherer Zeit ein Mittelpunkt höherer islamischer Erziehung und Philosophie, jetzt durch sein Obst und Gemüse ein wohlhabender Ort geworden ist. Die Preise für

Trauben, Melonen, Petersilie und alles andere waren unvorstellbar niedrig, und man sagte uns, daß nicht weniger als anderthalb Millionen Obstbäume zur Stadt gehörten. Aus den Trauben waren im Vorjahr allein 8000 Tonnen Pekmez hergestellt worden; das ist ein bis auf Honigkonsistenz eingedickter Traubensaft, der sehr kräftigend ist: in kalten Wintertagen in Anatolien gab es früher am Morgen zunächst einmal Pekmez für die Kinder, ehe sie im schneidenden Wind in die Schule gingen; und mit geschlagenem Eiweiß vermischt, ist es eine – allerdings ziemlich schwere! – Köstlichkeit. Wir konnten sehen, daß die Kiliser Frauen auch wußten, wie man den Reichtum des landwirtschaftlichen Gebiets nutzte: Fleischgerichte, unter denen die typische *iç köfte* oder kibbe hervorzuheben sind, wobei eine Hülle von gewürztem Bulgur (Weizenschrot) mit Lammgehacktem, wiederum schön gewürzt, gefüllt und in Form eines Straußeneis gebraten wird. Da gab es Schüsseln, auf denen Eier, Fleisch und Gemüse im Wechsel mit sternförmig geschnittenem Fladenbrot zu kunstvollen und farbenprächtigen Pyramiden angerichtet waren, und es gab Früchte – weiße Maulbeeren und blaue Maulbeeren, Trauben, längere und runde, blaue, grüne, golden-rosa und von nie gesehener Größe. Kein Wunder, das Kilis eine Weinfabrik hatte!

Wir konnten die Traubenfülle noch mehr bewundern, als wir am zweiten Tag des Bayram unseren redseligen Schulmeister in seinem Weingarten besuchten. Die meisten Gäste wurden in einem Lastwagen verstaut, aber ich durfte mit unserem Gastgeber und zwei, drei anderen Herren reiten, und fast zwei Stunden lang genossen wir den Weg durch Weingärten und Olivenhaine, durch reiches, fruchtbares Land, und die Araberpferde schienen es auch zu genießen. Doch was erwartete uns, als der Weg – zu schnell für uns – geendet hatte! Nicht nur ein Lastwagen mit Gästen, sondern auch ein ebenso großer, ja eher noch größerer, mit Speis und Trank war angefahren. Wir durchwanderten das Weingut, kosteten von den süßen Früchten, spielten mit dem weißen Maultier, das uns nachher kläglich und sehnsüchtig nachschrie. Der Sitte nach mußten Mama und ich natürlich bei den Frauen sitzen, aber als sie nach anderthalb Stunden immer noch darüber redeten, ob man Babies zwei Jahre (wie der Koran sagt) stillen müsse oder sie schon nach einem Jahr abstillen konnte, stahlen wir uns hinweg und stahlen uns zu den Männern, denen ich mich ohnehin berufsmäßig eher zugehörig fühlte. Man machte uns Platz, und bei Schein flackernden Petroleumlampen begann das Essen. Wir hockten auf der Erde; die dunklen Gesichter der Männer sahen im unruhigen Licht gefährlich aus; der eine zog eine Flasche Raki aus der verborgenen Jackentasche, der andere griff mit beiden Händen in die Schale mit rotem Pfeffer; dieser erzählte von seinen Kämpfen mit den Franzosen nach dem Ersten Weltkrieg, der andere von Scharmützeln mit syrischen Soldaten; die Stimmen wurden lauter, die Gesten lebhafter; neue Ladungen von Köfte, von Salaten, von Trauben wurden hingestellt, und die alten Grenzkämpfe lebten wieder auf, erzählt in dem durch den Einfluß des Arabischen schon harten Türkisch. Die Rückfahrt in einem schwankenden Bus auf Wegen, die keine waren, war noch ein zusätzliches Abenteuer.

Doch der Morgen ließ uns nicht viel Zeit zum Träumen. Düldül, von guten Freunden gepflegt und gestärkt, trabte wieder gen Norden; in Gaziantep lagerten lange Ketten von Kamelen im Frühlicht, und auf der breiten Straße nach Malatya flog das Auto nur so. Aber in der Stadt, die so voll von historischen Denkmälern ist, brauchte Düldül wieder Pflege und unser Eindruck blieb, wie in vielen anatolischen Ortschaften, hauptsächlich auf eine Autoreperaturwerkstatt beschränkt, und das arme Düldül wurde gegen seinen und unseren Willen von seinem Gebieter gen Elazığ geschickt. Doch der Weg entschädigte uns für vieles, was uns in Malatya entgangen sein mochte. Ein seltsames Gefühl, als der Euphrat erschien, der sich zwischen den armenischen Felsen hindurchgezwängt hat und dann geruhsam zwischen kahlen Bergen weiterfließt: doch nichts läßt seine künftige Größe ahnen. Die begriff ich erst Jahre später, als ich vom Flugzeug aus den Zusammenfluß von Euphrat und Tigris im Irak sah, ein Bild urgewaltiger Kräfte. Heute aber ist die Landschaft durch riesige Staudämme völlig verändert.

Wir überquerten den Fluß auf einer von deutschen Ingenieuren erbauten Brücke, wanden uns an steilen Felsen herauf und fuhren im sinkenden Licht durch bizarr geformte, bald chromgrün, bald kupferrot, bald auch eisenblau schimmernder Berge, ein paar grüne Wiesen, vereinzelte Ortschaften. Aasgeier hockten bei einem gefallenen Esel.

Man sagt, Elazığ sei schön, der Aufstieg zum alten Harput, einer seit Jahrtausenden besiedelten Höhe, sei herrlich; an seinen Bächen wüchsen köstliche Früchte; die Bevölkerung, dem Typ nach schon stark armenisch gefärbt, die Frauen von einer manchmal finsteren Schönheit, sei fromm und gastfrei, der Ort ein Mittelpunkt mystischer Frömmigkeit. Das mag alles stimmen; aber das Haus, in dem wir zwei Nächte zubrachten, zeichnete sich in erster Linie durch einen unerschöpflichen Reichtum an Fliegen aus, die zwischen Abtritt, Küche und Hühnerhaus ein glückliches Leben führten. Und noch zürne ich dem großen Sufi-Meister, den ich besuchte und der mich stundenlang geradezu anflehte, seine Jüngerin zu werden; er werde mir die Gabe der Hellsicht verleihen, ich würde Künftiges sehen können und ich weiß nicht was. Ich blieb hart: denn ein Mann, der solche Kräfte hatte, hätte doch sehen müssen, daß meine Mama im Haus unglücklich zurückgeblieben und von Fliegen umschwärmt, mich dringend an ihrer Seite brauchte... Nein, mein Glaube an gewisse mystische Meister schwand, und wir dankten Gott, als wir den Ort wieder verlassen konnten, aufatmend in der blauen Morgenfrische nach der stickigen Atmosphäre bigotter Frömmigkeit.

Die Euphrat-Brücke zwischen Malatya und Elaziğ, 1955

Hinter Malatya wurde der Weg nach Nordwest, in Richtung Sivas, gefährlich. Düldül balancierte am Rande des Abgrund, hüpfte entsetzt über plötzlich auftauchende Gräben und Bäche, wand sich in Qualen an Abhängen hinauf, eilte Steilhänge hinunter und kletterte geduldig an der anderen Seite eines unwirtlichen Tales wieder hinauf. Es konnte die unberührte, herbe Schönheit der Landschaft, die wie von innen zu leuchten schien, nicht genießen; uns machte der Anblick die wilde Fahrt etwas erträglicher. In einem Alevitendorf tranken wir Tee unter ein paar Bäumen, die Männer, in weiten Hosen, deren Böden fast bis zur Erde reichten, und mit herabhängenden Schnurrbärten, spielten endlos Tricktrack, während die Frauen flink die hohen Treppen der Häuser auf und ab liefen.

Später wurde der Weg besser, wir näherten uns den dünengleich ausladenden Bergen des Gebietes von Sivas. Hier sollten wir rasten: 40 Kilometer südlich der Stadt nahm uns das Mustergut Ulaş gastlich auf. Der energische, geschickte Verwalter fuhr uns durch sein Reich, zeigte uns die zur Aufforstung gepflanzten 200000 Pappeln, die Versuchsfelder für Gemüseanbau, die Stallungen; da gab es auch tausend Hühner (nach dem Abendessen waren es einige weniger), und auf den Hügeln grasten die Schafe: tausend Fettschwanzschafe mit schwarzen Nasen, deren kranzartige Schwänze, aus denen noch eine Fettquaste hing, an die zehn Pfund wogen – und wenn alle diese Fettkränze im Galopp wackelten, war es ein umwerfend komischer Anblick. Auf einer anderen Weide grasten etwa 500 Lämmchen derselben Rasse, ein Gewussel von Wollknäueln mit putzigen runden Schwänzen. Wie hieß doch das Volksrätsel über das Schaf?

Deine Oberfläche habe ich zu Strümfen gemacht,
Dein Inneres habe ich zu Braten gemacht,
Eines Tages hab ich dich geschlachtet
und ein sehr verdienstliches Werk getan

Auf dem Mustergut Ulaş nahe Sivas, 1956

(nämlich am Opferfest). Ein Schaf war zurückgeblieben; es lahmte, und der Hirt betrachtete das Tier besorgt. Die hinter den Hügeln sinkende Sonne vergoldete die Wolke über dem gegenüberliegenden Felsmassiv, vergoldete auch das Vließ des Schafes, das sich leuchtend von den thymianbedeckten Weiden abhob. Mir kamen Pir Sultan Abdals Verse in den Sinn:

Dem, der ein anvertrautes Keid getragen,
Glich ich, seit ich in diese Welt geboren.
Nun kam sein Herr und nahm mir's aus den Händen –
Ward wie ein Schaf, am dürren Ort verloren ...

Pir Sultan hatte vor rund vier Jahrhunderten in dieser Gegend gelebt; seine Lieder werden bis heute von den Aleviten gesungen, denn er war ein glühender Schiit, Parteigänger der schiitischen Perser, der Erzfeinde der sunnitischen Osmanen; ein Mystiker, in dessen Versen die Sehnsucht der Seele nach dem Geliebten nicht durch die Klage der Nachtigall nach der Rose ausgedrückt wird, sondern durch den Schmerz des Mutterschafes, dem sein Lamm genommen ist, kein anderer volkstümlicher Dichter hat den herben Zauber der Landschaft so eingefangen wie er. Als Landesverräter wurde er in Sivas gehenkt, „aber man sagt, er sei später gesehen worden, der eine sagte, im Osten, der andere sagte, als er durchs, Westtor davonging ...“ Vielleicht wehte sein Atem in dem kalten Abendwind, der sich jetzt erhob ...

Mit köstlichen Speisen gestärkt, brachen wir am nächsten Morgen nach allerlei Hindernissen auf. In Sivas, das vielleicht die schönsten seldschukischen Monumente der Türkei aufweist, durfte Düldül nur eine halbe Stunde rasten, und dann kam die nicht endenwollende Strasse nach Ankara, auf der breite quietschende Ochsenkarren den Weg versperrten, die Landschaft eintöniger wurde. Düldül fand etwas Benzin; für uns gab es nichts Eßbares außer einer alten Melone; und die Orte, die wir durchfuhren, verschwammen; Hügel und Senken, Senken und Hügel, gelbe Felder. Durch Yozgat sauste Düldül im Wettlauf mit einem Autobus, und wir blickten sehnsüchtig auf den Wegweiser, der nach Boğazköy deutete – wie gerne wären wir dorthin gefahren, um endlich einmal das Zentrum der hethitischen Kultur zu sehen. Doch da wir es nicht taten, schickte uns der hethitische Gewittergott zürnend drei schwere Gewitter, in denen die Landschaft wahrhaft urgeschichtlich wirkte. Der Kızıl Irmak machte seinem Namen „Roter Strom" Ehre.

Wir brauchten Tage, den Staub Anatoliens aus Haaren und Kleidern zu entfernen, aber wir dankten Gott, daß wir heil und lebendig von dieser wahrhaft erholsamen Reise zurückgekommen waren ...

Kleine Fahrten in Anatolien

„Hocam“, fragte mein Assistent Hikmet mit geheimnisvollem Lächeln, „Hocam, kommen Sie am Sonntag mit nach Güdül?“

„Güdül? Nie gehört!?“

„Ja dort wird eine Stadtbibliothek eröffnet, und mein Freund, der Kaymakam, hat uns eingeladen, an der Eröffnung teilzunehmen ...“

Ich hatte mich während meiner Tätigkeit in der Ilâhiyat Fakültesi Ankara längst daran gewöhnt, meinem Assistenten (er war übrigens älter als ich!) in praktischen Dingen völlig zu vertrauen: ob es sich um Einkellerung der ach so schwer zu findenden Winterkohlen handelte, ob um Erstdrucke religionsgeschichtlicher Werke aus osmanischer Zeit, ob um die schnellere Erledigung von Paß- und Polizeiformalitäten oder um die Korrekturen meiner türkischen Bücher – Hikmet tat alles, fand überall weitere hilfreiche Freunde und hatte eine ebenso große Belesenheit in türkischer Literatur wie Geduld, schwierige Probleme türkischer Volkskunde zu lösen. Wenn Hikmet also sagte, Sonntag früh stehe ein Autobus an der und der Ecke der Anafartalar Caddesi bereit, und Güdül sei sehenswert, dann konnte man sicher sein, daß dem so war.

Die sagenhafte Kreisstadt lag etwa 90 Kilometer südwestlich von Ankara. Die Fahrt durch die grünen Saatfelder an einem strahlenden Maimorgen war wunderbar, und die bunten Hügel leuchteten verheißungsvoll in der Frühsonne. Die sich immer wiederholenden Freuden einer Fahrt auf anatolischen Landstraßen genossen wir auch diesmal: dazu gehörte es, die Inschriften auf den Lastwagen zu lesen. Wenn sich ein Lastwagen *Şahin*, „Falke" oder *Bozkurt*, „Grauer Wolf" nannte, so ging das ja; aber mancher romantische Chauffeur hatte an die Türen des Fahrerhäuschens auch anderes mit leuchtender Farbe geschrieben. Wir fanden einen, dessen linke Tür dem Überholenden zurief *Beni sev*, „Liebe mich", während auf der rechten geschrieben stand *Seni unutmam*, „Ich vergesse dich nicht." Freilich, zu jener Zeit gab es in Anatolien nicht jene Fülle von Bildern wie man sie auf afghanischen und pakistanischen Lastwagen wenig später sah, und auch die Verse, die man las, hielten sich in züchtigen Grenzen ...

Einige Kilometer vor dem Ziel, wo sich das Land vor den Bergketten flach hinbreitete, hielt unser Bus, indem sich außer uns eine Reihe meiner Studenten und einige Dichter befanden. Und was sahen wir? Auf der Landstraße standen, säuberlich in Dreierreihen ausgerichtet, eine beträchtliche Anzahl von Schulkindern (es mögen achtzig bis hundert gewesen sein). Die Mädchen waren in steif abstehende Kleider aus rosa oder weißem Krepp-Papier gesteckt, die Haare über den breiten Gesichtern straff gescheitelt und zu steifen Zöpfchen gebunden, und hielten riesige Feldblumensträuße in den Händen, während zwei Jungen ein gewaltiges Transparent trugen „Willkommen in Sapanlı Köy!".

Der junge Lehrer begrüßte die hohen Gäste aus der Hauptstadt mit wohlgesetzten Worten, die Kinder drückten uns schüchtern ihre Blumensträuße in die Hand, während die größeren Buben der Kühlerhaube unseres Autobusses einen mächtigen Blumenkranz umhängten. Wir wurden in den sauberen Garten der kleinen Schule genötigt, wo uns Ayran und Zigaretten angeboten wurden. Hinter dem Zaun hockten die stolzen Mütter, um den großen Tag zu erleben, an dem Gäste von der Universität Ankara ihre Kinder ansahen und anlächelten. Die Honoratioren fragten, wie es in der Hauptstadt stehe; die Dichter begannen, flammende Verse über das Vaterland, über Atatürk und über den Idealismus der türkischen Jugend zu rezitieren, und wir konnten nicht umhin, dem jungen Lehrer – er mag vielleicht 25 Jahre gewesen sein und stammte aus Ostanatolien – hohes Lob zuzollen, der hier den Schulunterricht ganz alleine hielt und alles aufs beste organisiert hatte. Wieder einmal konnten wir die große Leistung Atatürks und seiner Interpreten auf dem Gebiet des ländlichen Schulwesens bewundern und, wie so oft, bemerken, wieviel unverbrauchte Intelligenz in der bäuerlichen Bevölkerung Anatoliens steckt.

Wir schieden, beglückt von dieser unerwarteten Begegnung. Bald tauchten die Häuser von Güdül auf, wo die Bevölkerung bereits auf uns wartete. In einem wahren Triumphzug wurden wir auf eine große Veranda gegenüber der künftigen Bibliothek geführt und mit Tee gelabt. Die Stadtväter sprachen über die Wichtigkeit des Tages, die Dichter rezitierten flammende Verse über das Vaterland, über Atatürk und über den Idealismus der türkischen Jugend. Vier kleine Jungen in ländlicher Tracht, eine dicke bunte Schärpe um die Taille gewunden, führten auf dem offenen Platz vor unserer Veranda Volkstänze auf, an denen sich nach und nach immer mehr Leute beteiligten. Auf allen Dächern aber saßen die Frauen; sie sahen in ihren bunten sommerlichen Gewändern von fern aus wie große bunten Sommerblumen. Doch keine von ihnen stieg hinab in die von Männern und Kindern wimmelnden Straßen.

Endlich, nachdem alle hochtönenden Reden und Gedichte beendet waren, wurde mir auf einem Glasteller eine riesige Schere gereicht; ich improvisierte eine Rede, die mir bei einer solchen Gelegenheit geeignet zu sein schien, und schnitt feierlich das Band durch. Noch war der enge, dunkle Bibliotheksraum recht armselig anzusehen, aber es war ein Anfang, und unsere

Studenten hatten religiöse Bücher mitgebracht, die Dichter eigene Werke, und man hoffte auf baldigen weiteren Zuwachs.

Mittagessen wurden in der modernen Mittelschule gereicht, die, licht und sauber, mit Zeichnungen der Kinder geschmückt war; Feldblumensträuße standen auf den weißgedeckten Tischen, die Lehrer servierten zartes Lammfleisch, goldenes Pfirsichkompott, und wir erfuhren von den Problemen, mit denen der Ort, am äußersten Ende einer Straße gelegen und daher vom großen Strom des Durchgangsverkehrs abgeschnitten. zu kämpfen hatte.

Dann beschlossen wir, die Höhlen am Kirmir zu erkunden. Hier, wo der Fluß sich ein enges Bett durch die Felsen gegraben hat, standen dunkle Felsen wie hohe schlanke Wächter. Güdül liegt oberhalb des Flusses, und der Abstieg auf dem lockeren Schotter war nicht ungefährlich. Mama zog es vor, oben auf einem Hügel zu bleiben und die weite liebliche Landschaft zu betrachten – da aber ein Gast, noch dazu eine Dame, keinesfalls allein bleiben darf, gab man ihr als Ehrengarde den jungen Mittelschullehrer bei, dessen Deutschkenntnisse ausschließlich aus „Lili Marleen" bestanden. Damit unterhielt er sie.

Wir anderen suchten mühsam unseren Weg durch die Felsen und das Geröll und fanden ein weitverzweigtes Höhlensystem, das wohl, wie so viele Höhlen Mittelanatoliens, eine Zeitlang den christlichen Bewohnern als Zufluchtsort gedient haben mag: bei näherem Hinsehen war ein eingemeißeltes Kreuz zu erkennen (ähnlich wie wir in einer großen Höhle nahe Sile bei Konya noch schwach die Umrisse einer Darstellung von Mariae Himmelfahrt fanden, die den ältesten Typ des Himmelsfahrtsbildes zeigte). Die Kirmir-Höhle war ein sicherer Platz, unzugänglich, wenn im frühen Frühjahr der Strom anstieg, und auch der Rückweg, durch enge Felsspalten, war nicht einfach. Meine Studenten jedoch, eingedenk der nahe bevorstehenden Semesterabschlußprüfungen, erwiesen sich als sehr hilfreich, um mein Herz geneigter zu machen ... Niemand aber konnte uns Auskunft über die Geschichte der Höhlen geben; keine Sage, keine Überlieferung rankte sich um diese fremdartige dunkle Welt.

Seltsam angerührt von diesem Besuch, fuhren wir nach Hause. Die Felder leuchteten smaragden unter der schrägstehenden Sonne, und der Staub der Straße schien sich in goldene Wolken zu verwandeln.

Unter unseren Freunden in Ankara war es besonders Turgut Bey, der immer neue Überraschungen für uns hatte. Direktor bei der *Halk Bankası,* der Volksbank, war er auch ein Mystiker und erhielt oft nachts poetische Eingebungen, kleine Gedichte, die er niederschrieb und in seiner jahrelang publizierten Zeitschrift *Iç Varlık* veröffentlichte. Da er durch die Volksbank mit ungezählten Menschen bekannt war, nahm er uns manchmal auf Reisen mit, und so fanden wir uns eines Tages in Ereğli, südlich von Konya, wo wir die von der Sümerbank betriebenen großen Spinnereien und Webereien besichtigten und die Aktivitäten unseres dortigen Gastgebers bewunderten, der das Land erschloß, im Zuge des Aufforstungsprogramms 8000 Pappeln gepflanzt hatte; etwas weiter südlich, den Hängen des Taurus zu, entstand in Ivriz ein Elektrizitätswerk, und im beckenweise gestauten Wasser tummelten sich Forellen, während aus der Felswand über dem niederplätschernden Flüßchen ein hethitisches Relief herabblickte: der König und der Gott der Fruchtbarkeit, der eine gewaltige Traube hielt, mit einer hieroglyphen-hethitischen Inschrift – ein besseres Symbol für diese fruchtbare Ecke hätte man nicht finden können.

Die Männer redeten von morgens bis abends über wirtschaftliche Probleme, und wir erfuhren, daß unser Gastgeber mit einem Kapital von 17 Lira begonnen hatte und jetzt vielfacher Millionär war, dem Ländereien und Häuser, Straßen und Fabriken gehörten, und auch arabische Pferde. Da mir die ewigen Millionen etwas auf die Nerven gingen, sagte ich im Scherz: „Wenn ich all das Geld hätte, würde ich mir auch schöne Pferde halten."

„Kein Problem", hieß es, „heute noch bekommen Sie ein Pferd!" Und so wurden wir auf eine weite Weide geführt, wo prachvolle Araber grasten.

„Welches möchten Sie haben? Den jungen Hengt, oder die trächtige Stute? Oder hier diese braune Zweijährige?" Ich wählte die dunkelbraune zierliche Stute. Incigül hieß sie, „Perl-Rose", und im Hause wurde mir ihr Stammbaum überreicht.

Als wir am nächsten Abend wieder nach Ankara zurückkehrten, platzte wieder einmal ein Reifen, aber, zum Glück an der schönstmöglichen Stelle der Wegstrecke: neben einer Wiese, auf der tausende und abertausende von Laternenblumen blühten, auf jedem Stiel hunderte kleine grüne und rötliche Laternchen, von denen die Begleiter mir fleißig pflückten. Hinter uns ging die Sonne unter, vor uns stand der fast volle Mond schon sehr hell; ein Zipfel des Salzsees leuchtete scharf aquamarinblau und die

Mein Pferd Incigül in Ereğli, 1955

direkt dahinter aufragenden Felsen ebenso scharf hellrosa, weiter hinten in Ocker übergehend; darüber spannte sich ein glasklarer helltürkisfarbener Himmel, der rasch leuchtend blau wurde. Ein Anblick von unvergeßlicher Schönheit – Vorgeschmack paradiesischer Vollkommenheit ...

Als die Sonne untergegangen war, fuhr auch das Auto wieder, und ich erreichte Ankara, den Stammbaum meines Pferdes stolz in der Tasche. Aber es zeigte sich, daß Stallung und Pflege eines Pferdes mehr verschlingen als das Gehalt eines Professors, und so blieb Perl-Rose auf den Weiden von Ereğli, und nur gelegentlich dachte ich an die Stunden da sie mir wirklich gehört hatte ...

Ein andermal fiel es unserem zauberkräftigen Bankdirektor ein, uns fürs Wochenende nach Haymana mitzunehmen, wo ein Treffen der Handwerkskammern stattfinden sollte, mit denen die *Halk Bankası* ja besonders eng zusammenarbeitet. Begleitet wurden wir unter anderen von Freund Süreyya Pascha, einem der deutschen Kultur sehr verbundenen Professor der Mikrobiologie. Wir waren um Mittag von Ankara abgefahren, hatten in einem Flecken Tee getrunken und erreichten gegen drei Uhr das 74 Kilometer von Ankara gelegene Haymana, wo wir mit flatternden Willkommensbändern empfangen wurden. Nach dem Tee besuchten wir die berühmten heißen Quellen, 43 Grad, mit Schwefel und Eisen. Um die Quellen hatte man ein Hotel gebaut, das freilich schon damals für die zahlreichen Kurgäste zu klein war.

Eine noch nicht gefaßte, aber noch stärkere Quelle lag etwa zwei Kilometer davon; ihr lauwarmes Wasser soll besonders gut für Ekzeme sein. Die Wiesen waren voller Blumen und duftenden Kräutern, und Süreyya Pascha kannte die Funktion jeden Krauts: dies war gut gegen Magenbeschwerden, jenes gegen Würmer, ein drittes nützte den Schafen – kurz, es war eine Riesenapotheke in schönsten Farben. Am Abend, wo es in dem auf etwa 1200 Meter

Höhe liegenden Ort schon empfindlich kühl wurde, erwärmten sich die Gemüter an Bier und Raki, und im Kasino war reichlich Essen aufgetischt, bunte Salate, *cacık*, Dolma, Obst und Köfte; „lieblich anzusehen und gut davon zu essen“. Unzählige Reden wurden gehalten, und ich bewunderte die angeborene Beredsamkeit der Männer, die sowohl rhetorisch gut als auch inhaltlich bemerkenswert konkret von Sorgen und Hoffnungen ihrer Innungen sprachen. Besonders der Obermeister der Bäcker-Innung, dessen Dialekt verriet, daß er von der Schwarzmeerküste stammte, zeichnete sich durch Witz und Schlagfertigkeit aus. Er war es, der mich schließlich aufforderte, auch etwas zu sagen. Was tun? Da ich gerade an meiner Übersetzung der großen persischen Dichtung des pakistanischen Dichter-Philosophen Iqbal arbeitete, erzählte ich ihnen ein wenig von Iqbals Philosophie, in der das Erwachen der schlummernden Muslime, die Entwicklung der Persönlichkeit, das unermüdliche Streben im Mittelpunkt steht. Selten habe ich einen solchen Beifallssturm erlebt, und sofort wurde ich zum Ehrenmitglied des Wissenschaftlichen Beirats der Zünfte erkoren...

Am Morgen wurden weitere Heilquellen, weitere Heilkräuter besichtigt, und es ging nicht ohne die im ganzen Orient so beliebten Gruppenaufnahmen: in der Quelle, über der Quelle, auf dem Felsen sitzend, stehend, knieend ... Doch auf dem Weg zurück gerieten wir in einen Wolkenbruch, der unseren Weg fast unpassierbar machte, und statt heilender Quellen fanden wir einen kleinen See in unserem Hausflur...

Eines Tages beschlossen Mama und ich, zum Wochenende auf Abenteuer zu gehen und nach Kastamonu zu fahren – einem Ort, der unverständlicherweise nicht zum Besuchsprogramm der Ausländer gehörte. Mein Schüler Şükrü hatte uns seit langem eingeladen. Alter Mittelpunkt der Komnenenherrschaft, liegt Kastamonu 265 Kilometer nördlich der Hauptstadt, und wir begriffen nicht, warum man mindestens neun Stunden mit dem Bus unterwegs sein sollte, wie uns in der Garage gesagt wurde. Nun, wir bestiegen unseren Bus Samstag um sieben Uhr früh. Der Weg stieg in Kurven und Kehren an, bis sich plötzlich das weite grüne Tal von Ilgaz vor uns auftat, in dem verstreute Dörfer lagen – eine Hochebene von etwas über 1000 Meter Höhe, an der wir, an geheimnisvollen Felshöhlen vorbei, abstiegen. Ein Mann saß vor seiner Hütte und sah in die Weite – wir beneideten ihn fast um den herrlichen Blick.

„*Gözleri görmüyor*“ sagt der Chauffeur, sich umwendend, „Er ist blind.“

Durch einen Aufenthalt in Cankırı, etwa auf halber Strecke, waren wir gestärkt, die scheinbar endlosen schwindelerregenden Kurven zu ertragen; kaum hatten wir das herrliche Tal durchquert, als schon ein neuer, noch steilerer Aufstieg begann, diesmal zwischen Tannenwäldern von einer Dichte und Schönheit, wie wir sie nie zuvor gesehen hatten. Auf der Paßhöhe, die etwa bei 1800 Meter gelegen haben dürfte (die umliegenden Berge steigen bis 2600 Meter an) machten wir Halt und tranken eisiges Bergwasser bei einem winzigen Wachhäuschen, wo gerade ein Fettschwanzschaf zu Braten verarbeitet wurde. Hin und wieder begegnete uns ein Lastwagen, auf dem gewaltige Tannenstämme lagen, und unser Bus nahm die Kurven knapp. Dann rollten wir hinunter durch Laubwälder, die an Mitteldeutschland erinnerten; noch ein Anstieg, dann plötzlich, unter uns im Talkessel, eine aus rotem Fels gehauene Burg, hübsche weiße Häuser - unser Ziel. Gleich neben dem Busbahnhof lag ein Hotel, das uns ergriff (wir hatten seinen Namen schon auf dem kleinen Plakat im Bus gelesen, auf dem es hieß „Eine Nacht bleiben genügt“, was wir etwas negativ fanden). Doch wir wären auch gern mehrere Nächte geblieben; denn es war sauber, gut geführt; der Balkon war mit riesigen Geranien bepflanzt, und die rundliche Dienerin klopfte uns strahlend auf die Schultern.

Moschee in Kastamonu, 1956

Heroisch wie wir waren, bestiegen wir sogleich die steile hohe Festung, ein wildes Gemäuer aus der Komnenenzeit, später von Seldschuken, Isfendiyaroğlu und schließlich Osmanen ausgebaut. Freundliche und keineswegs scheue Frauen wiesen uns den Weg. Doch auf der Festungshöhe erwischte Şükrü uns; da der Autobus mehr als eine Stunde zu früh gekommen war, hatte er uns verzweifelt gesucht. Nun sahen wir unter seiner Führung einige alte Moscheen, gingen durch ziemlich trostlose Gassen und fuhren schließlich in einer der zahlreichen Pferdedroschken, die in dem ausgetrockneten Flußbett warteten zu ihm nach Hause. Das weiträumige Haus war fast leer, wenn man von einer harten Bank und ein paar Stühlen absah: draußen stand ein Backofen, und auf offenem Feuer wurde über einem Dreibein gekocht. Die hübsche freundliche Mutter hockte für Stunden vorm Feuer und briet eine Speise aus Brot und Fleisch, das sie uns auf Zeitungspapier anbot. Es schmeckte köstlich, und aus dem kalten Brunnenwasser wurden ein paar Melonen zum Nachtisch gefischt. Daß es in Kastamonu nicht weniger als 165 verschiedene Rezepte für Suppen gehen soll, erfuhren wir erst viel später. Nach der herzlichen Gastfreundschaft schliefen wir herrlich; der Fluß rauschte leise.

Am Morgen stand der gute Şükrü schon früh vor unserer Tür, um uns die Stadt weiter zu zeigen. Das Museum war leider geschlossen, aber eine wunderschöne vierhundertjährige Hallenmoschee mit Kristallampeln und einem bemerkenswert feinen Perserteppich wurde besucht, und wir sahen das mehr als siebzigjährige Lyzeum (gegründet 1885). Es war das erste Lyzeum der gesamten Schwarzmeerzone gewesen und damit die Ausbildungsstätte von zahlreichen Gelehrten und Staatsmännern. Auch trafen wir – wie könnte es anders sein? – einen Dichter, der, dünnbeinig mit einer Silberkette vor dem Leib, daherkam und ein wenig mit den Gästen aus der Hauptstadt plauderte (Mit den hübschen weißen, schwarz bedruckten Baumwollstoffen, die

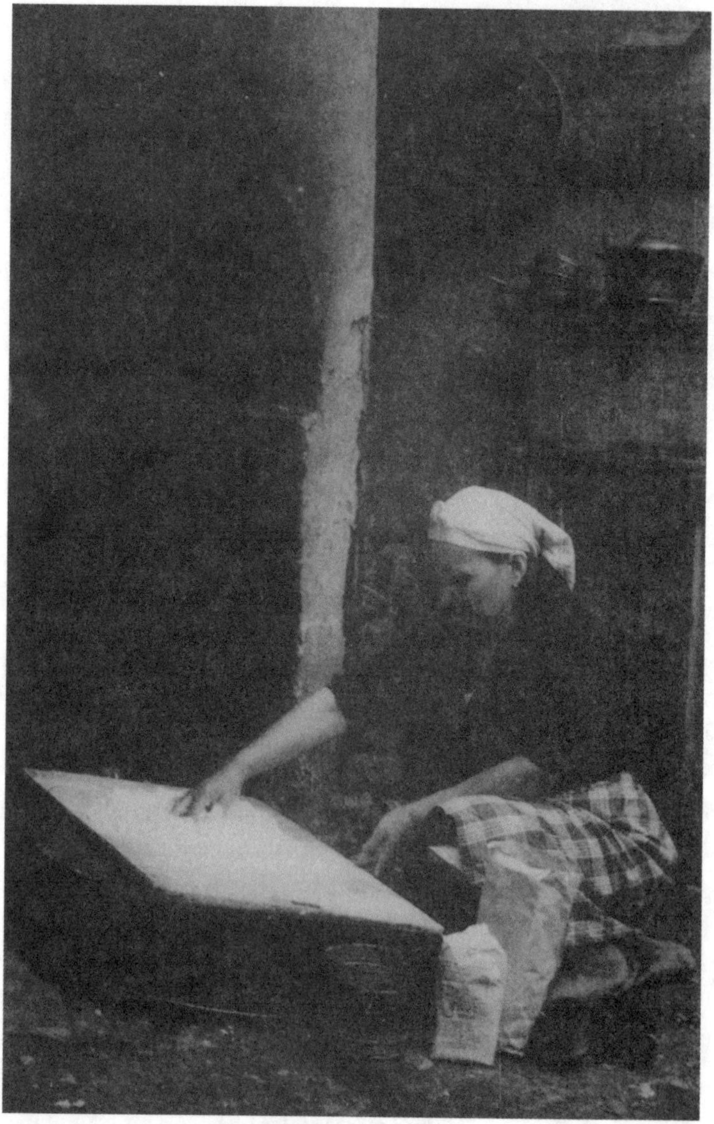

Beim Kochen in Kastamonu, 1956

eine Spezialität der Gegend sind, hatten wir uns schon am Samstag nachmittag eingedeckt). Auf unmöglichen Pfaden leitete Şükrü uns hinauf zum Uhrturm wohin die Familie samt Nachbarin das Essen für ein Picknick geschleppt hatte. In ihrem braunen Mantel, über dem eine rotblaukarierte Schürze getragen wurde, und mit einem grünlichen Wollschal um den Kopf, war die gute Nachbarin mit ihren ausdruckvollen, zerfurchten Gesicht unvergeßlich; sie weinte sehr, als die Gäste gingen ... Doch es gelang uns mit einiger Mühe, den Bus noch zu erreichen, der — wer hatte schon so etwas gehört? – eine halbe Stunde zu früh abfuhr und uns, samt den Bergen von Fladenbrot, die man uns mitgegeben hatte, gegen ein Uhr nachts glücklich in Ankara absetzte.

Ein andermal machten wir uns nach Bursa auf, das ich zwar von Istanbul aus besucht hatte, das wir uns aber als schönes Ziel für den Şeker Bayramı Anfang Mai 1957 vorstellten. Ein uralter Omnibus kroch mühselig voran; vorbei an den bizarren Felsen von Sivrihisar erreichte er nach sechsstündiger Fahrt Eskişehir, und wir überlegten, ob wir durchhalten oder umkehren sollten. Aber eine Tasse Tee stärkte uns, und unsere Geduld wurde belohnt: durch wilde Schluchten stieg man auf kurvenreichen baumbestandenen Straßen hinab in die grüne Ebene, über der sich das langgestreckte Massiv des Uludağ, des bithynischen Olymps, erhebt. Und zu unserem Erstaunen erreichten wir unser Ziel ziemlich lebendig und fanden Quartier in dem kleinen Hotel das ich von früher kannte und dessen einziger Luxus darin bestand, daß man einen großen Pfau auf der Weinblattlaube im Garten bewundern konnte. Bursa war in Feststimmung, und die kleinen Kinder waren höchst fantastisch herausgeputzt. Nach einem kleinen Abendessen besuchten wir noch die Ulu Cami, deren 20 Kuppeln auf schweren Pfeilern ruhen, die mit gewaltigen arabischen Inschriften in den verschiedenensten Stilarten geschmückt sind. Das Geplätscher des dreischaligen Springbrunnens füllte die ganze Moschee, die, wie alle der historischen Bauten, auf die Zeit der frühen Osmanen zurückgeht, die hier 1326 ihre erste Hauptstadt gründeten.

Es ist eine Stadt zauberhafter Architektur; man sieht die Grüne Moschee mit ihren türkisfarbenen Fliesen weithin leuchten, und ein bunt gestrichenes Pferdewägelchen, dessen braves Pferd zur Feier des Tages zwei rosa Schleifen im Schwanz trug. führte uns am Morgen zu dem Hügel, auf dem die Gräber von elf der Angehörigen des osmanischen Sultanshauses liegen. Man hat diesen Platz den heitersten Friedhof der Welt genannt, und die achteckigen Mausoleen, die schon durch den typischen Wechsel von hellgrauem Kalkstein und roten Ziegeln fröhlich wirken, scheinen zwischen den Platanen und Zypressen, zwischen Rosenbeeten und Rasenflächen selig zu lächeln. Es gibt keine schönere Schilderung dieses Platzes als Ahmad Hamdi Tanpınars Gedicht „Zeit in Bursa", das ich damals gerade übertragen hatte...

In Bursa: ein Moscheehof, klein, uralt.
Drin Wasser plätschernd in den Springbrunn' wallt.
Und eine Mauer noch aus Orhans Zeiten,
Gleichaltrig die Platane ihr zur Seiten,
Die allseits heit'ren Tag durchscheinen läßt
Die Trauer, die noch eines Traumes Rest;
Darinnen lächelt tief nur aus dem Innern,
Gleichsam aus einem kühlenden Erinnern
Des Himmels Blau, das Grün der eb'nen Flur
Und jene göttlichste Architektur ...

Wir erkundeten Çekirge, wo die vornehmen Badehotels liegen, und besuchten die Bayezit Yıldırım Moschee am anderen Ende der Stadt, und durch verwirrende Gassen und einen alten, zypressenbestandenen Friedhof wanderten wir zur Emir Sultan

Moschee, die von ferne wohl die schönste, aus der Nähe die reizloseste der Bursaer Moscheen ist.

Ein uralter Omnibus fuhr uns hinauf zum Ulu Dağ ich kannte die Strecke bis Kırazlı Yayla, auf etwa 1800 Meter Höhe. Dort blühten die Krokusse, während Bursa schon voller Rosen war. Der Bus fuhr weiter bis zum Skihotel, wo der Schnee hochgetürmt lag, und man noch bequem hätte skilaufen können. Das mißfiel uns, und wir beschlossen, langsam zur Yayla hin abzusteigen und dort den Bus abzuwarten. Zwischen Tannen und Felsen wandernd, genossen wir die Bergluft, bis ein großes Auto aus Izmir, dessen Insassen wir schon oben im Schnee gesehen hatten, anhielt und eine der jungen Frauen uns einlud, mitzufahren. Ehrlich gesagt taten wir das nicht ungern, besonders, als nach kurzer Zeit vier riesige wilde Hunde das Auto verfolgten. Nach einem Tee mit unseren freundlichen Gastgebern genossen wir die Stadt, die nun nicht nur wegen des Bayram illuminiert wurde, sondern auch, weil am nächsten Tag der Staatspräsident und der Ministerpräsident Adnan Menderes erwartet wurden.

Und am nächsten Morgen (nachdem der kulleräugige Kellner uns vorzüglichen Tee kredenzt und verraten hatte, sein Restaurant dürfe am Nachmittag auch den Staatspräsidententee bereiten) genossen wir das bunte Bild mit geschmückten Autobussen, fahnenbehängten Taxis, Pfadfinderinnen, Schulkindern. Wir folgten ihnen und ließen uns in einem kleinen Park nieder, von dem aus man die ganze Ebene bis hin zu den Bergen, die sie gegen das Marmarameer abschirmten, sehen konnte; es gab dort schöne Gärten, und ein junges Mädchen schenkte uns zwei Schwertlilien, mit denen wir später den hohen Gästen zuwinkten. Sie winkten huldvoll zurück und entschwanden.

Bursa hatte einen lebhaften Bazar und war berühmt für seine Messer und Handtücher; doch die herrlichen Seidengewebe, die hier in früheren Jahrhunderten hergestellt worden waren, gab es nicht mehr; man konnte nur von ihnen träumen.

Abends lockte uns Militärmusik vors Rathaus. Sie gab sich alle Mühe, mit deutschen und türkischen Märschen den Staatspräsidenten herbeizuzaubern, doch stattdessen tauchten zwei Gestalten mit Trommel und Schalmei auf, und die herumstehenden Männer machten uns sofort Platz, damit wir sehen konnten, was vorging. Ein halbwüchsiger Junge begann, türkische Volkstänze mit solchem Schwung vorzuführen, daß es geradezu ein Breakdance wurde, und die türkischen Zuschauer freuten sich ebenso über seine Kunst wie über unser Entzücken. Als die Musik beim Gebetsruf zum Nachtgebet aufhörte, kamen sie, um uns zu versichern, daß die Deutschen ihre allerbesten Freunde seien. Und plötzlich hatte jeder von den unheimlich aussehenden Gesellen eine Fackel in der Hand; es formierte sich unter viel Geschrei und Gelächter ein Fackelzug, und mit Trommeln und Pfeifen zogen sie zum Hotel, wo sie die hohen Gäste vermuteten. Ob ihre Fackeln bis dahin gereicht haben, wagten wir zu bezweifeln.

Als wir am nächsten Morgen um sechs den Bus nach Ankara bestiegen, fiel mir ein, daß bei meinem vorherigen Besuch eben auf diesen Busbahnhof ein Mann mittleren Alters mit mir ins Gespräch gekommen war, ein Busfahrer, der sich bei einer Tasse Tee auf die Fahrt vorbereitete. Woher ich käme, fragte er höflich. und als er hörte, daß ich an der Ilâhiyat Fakültesi lehrte, wollte er wissen, ob ich ihm wohl helfen könne, ein theologisches Problem zu lösen.

„Wissen Sie“, sagte er, „man sagt doch immer, daß der Islam fünf Pfeiler hat: Glaubensbekenntnis, Pflichtgebet, Fasten, Armensteuer und Pilgerfahrt. Aber das Glaubensbekenntnis ist doch kein Pfeiler; es ist doch das Fundament, auf dem die anderen vier Pfeiler stehen ...“.

Im Grunde hatte er recht, und sein Problem ist mir bis heute immer wieder durch den Kopf gegangen. Vielleicht hat es ihm jemand anders lösen können ...

Bursa war für mich eine Frühlingsstadt ein Seidengewebe von Grün und Silberblau. Doch die nächste Hauptstadt der Osmanen, Edirne, schien mir dem Herbst zuzugehören: die lange Straße von Istanbul gen Nordwesten führte an abgeblühten Sonnenblumenfeldern vorüber, und die unmittelbare Nähe zur bulgarischen Grenze ließ sie verlassen wirken. Und doch hat diese Stadt die bewundernswürdigste Moschee, die von Meister Sinan erbaute Selimiyye mit ihren vier nadelspitzen Minarets, die einen vollkommenen Kubus umgehen. Aus früheren Jahrhunderten stehen noch die Üç Şerefeli, die große Moschee des 15. Jahrhunderts, und die schwere Eski Cami, auf deren Stirnwand der Besucher sich vor einem riesigen kalligraphisch schön geschriebenen Allah wie ein Zwerg fühlt; es gibt die Muradiye mit Fliesenschmuck und dem alten Krankenhaus, in dem die Kranken mit Musik behandelt wurden – ähnlich wie in anderen seldschukischen und frühosmanischen Heilstätten für Geisteskranke. Doch trotz aller Meisterwerke der osmanaschen Architektur blieb mir Edirne fremd – vielleicht, weil mir niemand Gedichte rezitierte, in denen diese einst so reiche Stadt besungen wird.

Später, viel später sollte ich noch andere kleine Juwelen der osmanischen Zeit kennenlernen, wie Tokat und das liebliche Amasya, wo sich die alten Häuser noch unzerstört im Yeşil Irmak spiegeln und wo schlichte Moscheen unter uralten Platanen liegen. Ich dachte daran, wie dort am Ende des 15. Jahrhunderts der Meister der Kalligraphie, Şeyh Hamdullah, gewirkt hatte. Man konnte an jeder dieser Stätten türkische Geschichte repetieren, die Intrigen der Prinzen wieder heraufbeschwören, oder an das traurige Schicksal Prinz Cems denken, der als Opfer politischer Ränkespiele jahrelang in der Gefangenschaft der Kurie schmachtete, ehe er 1494 vergiftet wurde – sein Mausoleum hatten wir in Bursa besucht und hatten uns ein paar Verse seiner zierlichen Lyrik ins Gedächtnis zurückgerufen. Denn wie so viele der

Osmanen war auch Prinz Cem ein Dichter, während sein erfolgreicher Bruder Sultan Bayezit sich der Schriftkunst gewidmet hatte. Die Platanen der alten osmanischen Sultansstädte schienen an heiteren Frühlingstagen oder im verklärenden Herbstlicht all dies zu erzählen ...

Es gab aber auch Reisen und Ausflüge, bei denen man schon viel Liebe zu Anatolien haben mußte, um sie zu genießen. Wie viele kleine Gasthöfe im Lande konnten sich damals noch eines beachtlichen Vorrats an Wanzen rühmen, und manche Nacht verging im verzweifelten Kampf mit den Tieren, die besonders erpicht auf deutsches Blut zu sein schienen. Natürlich konnte man auch sie als Teile der göttlichen Schöpfung akzeptieren, wie denn ein lieber frommer türkischer Freund einmal bewunderndstöhnend sagte „Gelobt sei Gott, der selbst die Wanzen mit solcher Weisheit ausgestattet hat, daß sie in stockfinsterer Nacht einem genau aufs Gesicht fallen ...!“ Auch waren nur die wenigsten Unterkünfte oder Lokanta mit einem Ort für „Damen“ ausgestattet (was einem natürlich auch in Indien oder Pakistan passieren kann), und man mußte daran denken, daß die Waschgelegenheiten so eingerichtet waren, daß die Gläubigen mühelos ihr abdest, ihre rituelle Reinigung, vollziehen konnten, ohne die kein Gebet verrichtet, kein Koran rezitiert werden konnte; die Geräusche des Wassereinziehens in die Nase am frühen Morgen gehörten einfach zum Leben in ländlicher, traditioneller Umgebung.

Manchmal waren auch die Wege für einen klapprigen Bus oder ein kleines schwaches Auto beängstigend: noch graut mir, wenn ich, nach der Fahrt die Schwarzmeerküste zwischen Samsun und dem schönen Trapezunt entlang, mir den Zigana-Paß vorstelle, der ins Landesinnere nach Erzincan führte: zum ersten Mal stand ich auf solchen kahlen Höhen; die Bergketten streckten sich, eine nach der anderen, blau und grau bis in die Unendlichkeit

Sivas, Çife Minareli Medrese

(Damals wußte ich noch nicht, daß ich in den folgenden Jahren sie immer wieder in Iran, Afganistan und Pakistan sehen und liebgewinnen würde). Der sogenannte „Weg“ von Erzincan, das noch immer die Spuren des letzten großen Erdbebens (1939) zeigte und mit seinen flachen Häusern alles andere als anziehend war, nach Sivas war wohl der schlimmste in meinen türkischen Reisen: nicht nur, daß es eine scheinbar endlose, absolut menschenleere Strecke mit immer steileren Kurven war; nein, da es auf dem Weg keine Tankstellen gab, hatten wir vorsorglich zwei Benzinkanister eingepackt, deren Verschlüsse sich auf der steinigen Straße öffneten, so daß ich Stunde um Stunde damit kämpfte, sie festzuhalten (kein Vergnügen bei den wilden Kehren), und das Ende schien nahe, als der Fahrer sich genüßlich eine Zigarette, zwei Zigaretten anzündete. Doch erst hinter Zara erfuhren wir, daß dies zu jener Zeit wohl die unfallreichste Strecke im östlichen Landesteil war und daß es dort bis vor kurzem Räuber gegeben habe ... Die Nacht in Sivas, das ich so liebte, war wie ein Geschenk, wenn auch das melancholische Quietschen der *kağnı*, der zweirädrigen Wagen mit ihren Holzscheibenrädern nicht enden wollte – wie Cahit Külebi in seinem Gedicht schreibt:

Auf den Wegen von Sivas, Nacht um Nacht
Fahren Züge von Ochsenkarren
Mit eichenen Rädern.
Tragen die Bauern, die schweigenden,
Holz oder Salz oder Kranke fort?
Langsam fahren die Ochsenkarren
Auf den Wegen von Sivas, Nacht um Nacht ...

Ja, und der von dem Dichter beschworene „messerscharfe Wind“ wehte auch in jener Nacht.

Wir konnten am Morgen nur einen flüchtigen Blick auf die

herrlichen Bauten des 13. Jahrhunderts werfen – die spitzengleiche Steinarbeit der Front der Çifte Minareli Moschee, deren beide Minarette hoch emporragten, während die Rückseite in Ruinen lag, oder die herrlichen Inschriften der *Şifaiye*, des Krankenhauses, die in türkisgrünem Flechtkufi in überaus komplizierten Verknotungen Verse aus dem Koran zeigten; wir konnten keine der buntgestrickten Wollstrümpfe erstehen, für die Sivas berühmt ist, keinen der Gürtel aus Silberfiligran – Düldül wurde nach Ankara gejagt. Unterwegs wollten wir Kayseri ansehen, das damals wie eine gewaltige Baustelle aussah, so, daß auch die seldschukischen Mausoleen mich nicht recht trösten konnten. Und dann platzte wieder ein Reifen. Bis heute glaube ich, daß dies die Strafe dafür war, daß wir einem anderen Wagen, der kurz hinter Kayseri einen kleinen Unfall hatte, nicht halfen, weil wir es angeblich so eilig hatten.

Denn in der Einsamkeit des Ostens ist gegenseitige Hilfe absolute Pflicht, und nie hatte uns jemand im Stich gelassen. Man kannte die Schwierigkeiten, die der andere Wagen zu überwinden hatte, und manchmal gab es kleine Freuden: so, als wir einmal auf einer Paßstrecke einem überschwer mit Wassermelonen beladenen Lastwagen, der hinunter kam, die Vorfahrt ließen, weil wir leichter ausweichen konnten: der beglückte Fahrer warf uns eine prächtige Melone als Dank zu. Und selbst in den verlassensten Dörfern und Weilern konnte man jemand finden, der beim Ab- und Anmontieren der Räder behilflich war. Ich aber war zur Expertin in Reifenflicken geworden und wußte, wie die Gummistückchen aufzurauhen und aufzukleben waren ... bis zu dem Tag, da unsere Reibe nicht zu finden war. Was tun? Nichts einfacher als das: einer der aus dem Nichts auftauchenden Männer nahm das Gummi, rieb es gründlich an seinen Bartstoppeln auf, und schon war das Problem gelöst. Mama und ich staunten!

Ja wir haben oftmals gestaunt, wenn kompliziert scheinende Probleme am Motor, an elektrischen Leitungen mit Hilfe von

Sivas, Çifte Minareli Medrese, Detail der Dekorationen

Stanniolpapier ausgebessert wurden: es klappte dann trotz aller Schwierigkeiten. Diese Kunst des Improvisierens beeindruckte uns besonders, und ob wir auch manchesmal ungeduldig wurden, wenn die Dinge nicht unserem preußischen Ordnungssinn gemäß liefen, waren wir am Ende immer wieder überrascht, ja entzückt über das Ergebnis aller Unternehmungen. Und der Lieblingsausspruch unseres treuen Freundes Niyazi: „Ist nicht schlimm, ist aber doch schlimm!“ endete dann immer damit, daß auch für scheinbar ausweglose Situationen eine Hilfe gefunden wurde, ein Handwerker aus dem Nichts auftauchte, ein Mann im Sonntagsstaat außen am Hause hinaufkletterte, um die Wohnungstür zu öffnen, als wir den Schlüssel vergessen hatten – kurz, wir hatten fast täglich Gelegenheit, zu staunen. Und wir lernten, unsere zweifelnde Ungeduld ein wenig zu dämpfen ... sagt das Sprichwort nicht: „Durch Geduld wird die saure Traube zu Helva, wird das Maulbeerblatt zu Seide“?

Die alten Götter

Den Hethitern begegnete ich zum ersten Mal in Ankara. Allerdings nicht im Hethitermuseum, das am Burgberg gelagert, im alten Bedestan untergebracht war und in dessen Eingangshalle man von dem großen Wettergott begrüßt wurde (und das heute zu einem der großartigsten Museen vorislamischer Kunst und Kultur geworden ist). Gewiß, es gab wunderbaren Goldschmuck dort und die stilisierten Hirsche, von denen eine überdimensionale Nachbildung jetzt den Atatürk Bulvarı ziert; es gab auch, in einer versteckten Ecke, das Relief eines Briefträgers, der, seinen schweren Sack auf dem Rücken, seit mehr als drei Jahrtausenden unermüdlich daherstapfte – eine Reihe der keilschriftlichen Briefe, zum Teil in ihren Lehmhüllen, konnte man in anderen Vitrinen bewundern. Und es gab starrblickende Löwen und gewaltige Muttergöttinnen, Fruchtbarkeitssymbole ältester Kulturschichten.

Aber mir begegneten die Hethiter in Gestalt Munises, eines jungen Bauernmädchens aus der Gegend von Bogazköy. Ich erschrak, als ich sie zum ersten Mal sah, als sie, klein und etwas gedrungen, mit einem großzügig geschnittenen Gesicht, einem ausdrucksvollen Mund wie aus einem Relief getreten vor uns stand. Sie war von einer unserer Bekannten als *evlâdik* aufgenommen, das heißt, sie war gleichzeitig Spielgefährtin der Kinder und Hausgehilfin, und würde später einmal von der Pflegemutter ausgestattet und verheiratet werden. Munise war mit ihren elf Jahren schon eine perfekte Köchin und weitaus bessere Hausfrau als ihre Pflegemutter. Sie hatte eine starke mediale Begabung, und die Pflegemutter, selbst dem Spiritismus verfallen, nutzte sie als Medium aus. Dann war es, als ob in dem Kind uralte magische Fähigkeiten wieder wach würden, als sei sie mit den Göttern und Geistern des alten Anatolien so verbunden wie, Jahrtausende zuvor, ihre hethitischen Vorväter – obgleich sie doch eine fromme und gläubige Muslimin war, den mystischen Meistern aus Ostanatolien, die manchmal zu Besuch kamen, in Demut ergeben. Der Klang der Derwischmusik, vor allem die differenzierten Rhythmen der Trommeln, versetzten sie in Verzückung, und ihr Kindergesicht wurde zeitlos wie das einer Schamanin, die uns anderen verschlossene Welten erblickte. Sie konnte in ihrer unbewußten Klugheit besser zwischen echter und der so viel häufigeren falschen Ergriffenheit unterscheiden als ihre redselige Pflegemutter, für die Spiritismus und Mystik eher eine Frage des gesellschaftlichen Prestiges waren als wirklich inneren Verständnisses, denn in jenen Tagen blühte die „Salonmystik", benetzt und befruchtet von den vielen Tränen, die man bei den Erzählungen der meist aus dem Osten des Landes kommenden Scheyche vergoß, die freilich großenteils nur seit Generationen wiederholte Geschichten erzählten und halb entzückt, halb indigniert waren, wenn ich ihnen sagte, aus welcher Quelle diese oder jene Anekdote stammte. Munise aber ging ihren Weg, unberührt von der verwirrenden Umwelt. (Daß ich nach mehr als dreißig Jahren wieder von meiner kleinen „Hethiterin" hörte, mit der Bekannte zufällig zusammengetroffen waren, bestätigte meinen Eindruck von einem ungewöhnlichen Menschen.)

Wir kamen seltsamerweise niemals nach Boğazköy, das doch in erster Linie durch deutsche Archäologen wie Professor Bittel erschlossen worden ist; aber die Hethiter waren überall im Lande zu finden. Still und ehrfurchtgebietend stand das Relief des Fruchtbarkeitsgottes hoch über einem kleinen Teich in Ivriz; der Gott reichte dem vor ihm stehenden Beter eine riesige

Weintraube; er schien noch immer die fruchtbare Landschaft mit dem sprudelnden Bach zu segnen.

Doch verwischt waren die Reliefs von Giaurkalesi, der „Festung der Ungläubigen“, an deren Ausgrabungen einst Atatürk lebhaft Anteil genommen hatte; man ahnte die gewaltigen Gestalten mehr als daß man sie sah. und der steile Aufstieg war überwuchert von Gras und gelben Königskerzen.

Unser liebstes hethitisches Heiligtum aber war Eflatunpınarı, das wir fast zufällig fanden. Von Konya aus hatten wir Beyşehir besucht, um die berühmte Holzsäulenmoschee zu sehen, und hatten dort, wie es sich nicht vermeiden läßt, bei einem jungen Lehrer Tee getrunken, der von dem nahegelegenen hethitischen Heiligtum erzählte. Es war ein Spätnachmittag im Dezember; die Straße war schlüpfrig, das Auto wieder einmal überfüllt. Aber Bruder Ismail bestand darauf, es zu wagen, und während sich der zu unserer Linken liegende See dunkelblau färbte und von Süden her Schneegipfel drohten, fuhren wir noch etwa 20 Kilometer auf der Landstraße, bogen dann in einen Feldweg ein und, nach einigen hundert Metern Fußweg, fanden wir den Ort. Über einer stark sprudelnden Quelle, die einen kleinen Teich bildete, ragten Steine empor, auf denen nur noch undeutlich geflügelte Geister zu erkennen waren. Die letzten Strahlen der untergehenden roten Wintersonne trafen die Flügel-Sonnenscheibe auf dem Monument; dann versank alles in violetter Dunkelheit. Aber als wir uns, zum Gehen bereit, noch einmal umwandten, stieg der Vollmond genau über dem Heiligtum empor und begann das Wasser, die am Feuer lagernden Hirten, die Steinblöcke zu versilbern. Andächtiger konnten auch die Erbauer dieses Denkmals sich ihm nicht zugewandt haben als wir, die Zufallsgäste, es jetzt taten.

Wir sahen Eflatunpınarı noch einmal an einem Ostersonntag, als das erste Grün sproßte, die Hirtenjungen uns fröhlich zu Hilfe kamen und der Beyşehirsee sanftgrün schimmerte. Die zeitlose

Stille war die gleiche. Ismail breitete seinen Gebetsteppich aus, während wir den Frieden genossen und dem Geläut der Ziegenglocken lauschten.

Die Bevölkerung erzählt, daß Plato, der große Zaubermeister, dieses Heiligtum errichtet habe; er soll, so heißt es, die Ebene aus einem weit größeren See hervorgebracht haben, und deshalb trägt der Quell seinen Namen. Ismail freilich fand eine andere Etymologie: er leitete den Namen von der Farbbezeichnung *eflatûni*, „sanftlila", ab, auf die Tönung des Himmels an jenem Winterabend anspielend.

Für Liebhaber jedes Zeitalters bietet Anatolien Sehenswürdigkeiten. Wir taten den nächsten Schritt mit dem Besuch von Gordion – einmal in brennender Sonnenhitze, als die phrygische Wüste noch unwirtlicher dalag als sonst, einmal an einem Frühlingssonntag, auf der schnurgeraden neuen Straße, die die malerischen Windungen des Weges über Haymana vermeidet. Als Nicht-Archäologe war ich wenig empfänglich für die Reize von Mauern und Wällen, ja selbst für das soeben von den Amerikaner geöffnete Königsgrab (vielleicht war es das des Midas, in dessen Hand alles zu Gold wurde und der von den Göttern mit Eselsohren bestraft wurde?). Vielleicht war ja zu Zeiten Alexanders des Großen die Landschaft nicht so trostlos, die Gebäude mögen prunkvoll und die Gefäße, aus denen er trank, prächtig gewesen sein – aber ich dachte, er habe recht daran getan, den gordischen Knoten schnellstmöglich zu zerhauen und weiterzuziehen.

Der gordische Knoten? War er von jener Art, welche die Frauen zu flechten verstanden und in die sie ihre bösen Wünsche hineinbliesen? Knotenbläserinnen jener Art, von denen es in der 143. Sure des Korans heißt „Ich nehme meine Zuflucht zum Herren des Morgenrots ... vor den Knotenbläserinnen, wenn sie anblasen ..."? Noch immer gibt es Frauen, die solche Kräfte haben, denn die Gefühle im Orient sind maßloser, in Liebe wie Haß. In Gordion begann ich zu ahnen, daß die Kunst, verderbenbringende Knoten zu schürzen, nicht durch Alexanders Schwertstreich vernichtet worden war. Ich wandte mich dem Wagen zu und sah ein Paar haßerfüllte Augen auf mich gerichtet.

Am nächsten Morgen lag ich mit einer rätselhaften Krankheit fest, und gleichzeitig erhielten wir die Nachricht von Bruder Ismails Tod. Es sollte mein letztes Semester in Ankara sein.

Griechische, römische Stätten waren zu besuchen, ebenso wie die Stätten der frühen Christenheit. Vor allem war es das „unwahrscheinliche" Kappadokien, das uns lockte; zweimal durchzog ich es mit deutschen Freunden. „Unwahrscheinlich!" war der Ausruf, den wir am häufigsten verwendeten, wenn wir diese fantastische Mondlandschaft betrachteten. Von Ankara kommend, übernachteten wir in Nevşehir, das eine hübsche Moschee aufwies, die Damad Ibrahim Pascha im 18. Jahrhundert erbaut hatte und in der es eine an Handschriften reiche Bibliothek gab. Das Gebiet lebte, wie es schien, vom Weinbau; köstlichen Traubensaft gab es dort, und später kosteten wir auch von dem dortigen guten Wein. Am Morgen zogen wir, vom Hotelwirt mit einem ganzen Korb Trauben beschenkt, nach Üçhisar, dessen Doppelfelsen das ganze Göreme-Tal überragt. Der Blick über die hunderte von bizarr geformten Felskegel bis zu dem im Hintergrund aufragenden gewaltigen Erciyas war überwältigend. Auf schmalen Ziegenpfaden führte unser Fahrer uns in ein in die Felsen gehauenes Haus, wo seine Verwandten wohnten. In einer Höhle stand der Teppichwebstuhl, in einer anderen kochte auf einem Reisigfeuer ein gewaltiger Topf Pekmez, der mit Ruten geschlagen wurde; der so eingedickte Traubenhonig wurde in wieder einer anderen Felshöhle mit Stärke zu kleinen Broten geformt, an denen wir uns laben durften. In einem kleinen Dorf fanden wir Männermützen, die genau wie die Feiskegel aussa-

Blick über Kappadokien, 1956

hen, und von da an schien es uns, als blickten hunderte versteinerter Männer auf uns herab. Im Göreme-Tal selbst war jeder Felsen von Mönchszellen und Kirchen durchhöhlt. Die ältesten Kirchen waren nur mit Rot bemalt, die jüngeren im byzantinischen Stil geschmückt, mit Kuppeln, Altarnischen, Küchen und Refektorien tief im Fels verborgen; und immer wieder überraschte das Landschaftsbild. Hatten die Mönche in dieser Zauberwelt sich wohl in die Schriften der großen kappadokischen Kirchenväter vertieft, die der Ostkirche eine so tiefe mystische Theologie geschenkt hatten? Wie hatten sie gebetet, meditiert, die Osternacht gefeiert? Was für Hymnen hatten sie in ihren Felsennestern gesungen, während das Land ihnen wie eine Mondlandschaft zu Füßen lag?

Auf dem Wege nach Ürgüp trafen wir eine kleine Kamelherde. In einem Privathaus wurde uns gezeigt, wie die feinen Ürgüp-Teppiche geknüpft werden. Der Preis war unglaublich niedrig –

damals bekam ein Mädchen für eine Reihe der feinen Knüpfung 20 Kuruş, was zu jener Zeit etwa 20 Pfennigen entsprach: die Höchstgrenze, die eine geschickte Knüpferin am Tage erreichen konnte, waren 20 Reihen ... Mancherorts sah man Frauen in wunderschönen Trachten, mit Goldschmuck behängt, und in der sinkenden Sonne nahmen die steinernen Felsmänner seltsame Farben an. Bei Avanos stießen wir auf den Kızılırmak, in dem sich das Feuer der Töpfereien widerspiegelte – und der nächtliche Postzug von Kars-Erzurum kam sogar pünktlich und brachte uns in langsamer Fahrt am Mittag nach Ankara: doch die Erinnerung an das „unwahrscheinliche" Kappadokien ließ uns unsere Müdigkeit vergessen.

Ungewöhnliche Mittelmeerfahrt

oder:

Auch so kann man einen 70. Geburtstag feiern

Was hätte ich Tante Mama zu ihrem 70. Geburtstag im Januar 1957 schenken können? Es gab kaum etwas zu kaufen im Lande, und zum Festefeiern war uns auch nicht zumute. Dann kam die Erleuchtung: warum nicht die Semesterferien im Februar für eine Schiffsreise an der türkischen Südküste entlang verwenden? Für die Tochter einer alten Seefahrerfamilie war das lockend!

Ich eilte zur Denizalik Bankası, um zwei Billets Iskenderun-Izmir zu kaufen, jedes für 99 Lira, alles inbegriffen. Aber die Angestellten sahen mich geradezu gekränkt an, Billets seien Sachen der Agentur in Iskenderun und außerdem, wer wisse denn, was bis zum 1. Februar alles passieren könnte ...

Trotzdem bestiegen wir den Zug von Ankara, der uns in 13 Stunden nach Adana bringen sollte. Hatte nicht unsere treue Fatma Wasser hinter uns her gegossen, damit unsere Reise glatt gehen möge?

Es war schneidend kalt, und ganz Anatolien lag unter einer dichten Schneedecke. Der schöne Gipfel des Erciyas Dağ bei Kayseri leuchtete rosa auf, und auch sein kleinerer Bruder, der Hasan Dağ, zeigte sich; aber da zogen schon rötliche Abendwolken über den Himmel, und der Zug quälte sich zur

Paßhöhe am Gülek Boğazi im Taurus hinauf. Man ahnte die Schluchten und Felsen nur, die wir anderthalb Jahre zuvor im Sommerlicht gesehen hatten, und fühlte das erleichterte Hinabeilen des Zuges. Endlich Adana – vier Unbekannte stürzten auf uns zu, umarmten uns, ergriffen uns und zogen uns in ein Auto, das in der milden Frühlingsluft unter Palmen wartete. Wir hatten noch längst nicht begriffen, wer diese freundlichen Menschen waren, als man uns im Hause Ismail Emres ablud, wo wir, todmüde, ein warmes Essen erhofften.

Aber es ist nicht leicht im Hause eines Heiligen – oder zumindest als heiligmäßig verehrten Mannes – Gast zu sein! Das kleine Wohnzimmer (in dem später unsere Lager ausgebreitet wurden) war mit etwa dreißig Menschen gefüllt, und wir erhielten den Ehrenplatz. Emre Hazretleri erschien, umarmte Mama und mich und, hungrig wie wir waren, wurden wir aufgefordert, uns über Probleme der islamischen Mystik zu unterhalten. Für Mama hatte man einen deutschsprechenden Arzt gefunden, während ich meine Meinung über mystische Liebe, Einheit des Seins und ähnliche Fragen darlegen mußte. Endlich schien die Begutachtung zur Zufriedenheit aller ausgefallen zu sein; denn die Gäste, oder zumindest ein Teil von ihnen, fanden, wir müßten nun Ruhe haben. Nur der Studienrat, der jedes Wort des Meisters aufgeschrieben hatte, und einige ebenso freundliche wie umfangreiche Frauen blieben, und wir durften uns stärken ...

Ismail Emre war einer der interessantesten Männer in meiner Bekanntschaft. Ein Schmied, nur mit geringen Kenntnissen im Lesen und Schreiben, war er, wie so viele, von der Glut mystischer Liebe erfaßt, und manchmal überwältigte ihn die Ekstase, so daß er lange Gedichte sang, an die er sich nachher kaum erinnerte. Sie waren im Stil der Verse Yunus Emres gehalten, der seit dem frühen 14. Jahrhundert die türkische mystische Volksdichtung geprägt hat. Wir selbst waren Zeuge einer solchen Entrückung geswesen, als wir an einem kalten Dezembertag von

Ankara aus im Auto nach Konya fuhren und Emre etwa 100 Kilometer vor Konya zu singen begann – eine Mitfahrerin zeichnete die Lieder auf, die sich auf die Mevlâna-Feiern bezogen. Gleichzeitig wurde durch die Erregung des Dichters im Inneren des ungeheizten Wagens eine solche Wärmeentwicklung spürbar, daß die Fenster dicht beschlugen und wir nicht mehr froren. Mit Recht wurden seine Verse als doğuş, „Geburt", „Spontan Entstandenes", bezeichnet.

Um den bescheidenen, gütigen Mann hatte sich bald ein Kreis von Anhängern gesammelt, die jedes seiner Worte als eine Art Offenbarung ansahen und seine Verse in zwei unfangreichen Bänden veröffentlicht haben. Wir hatten Ismail Emre sehr gern und freuten uns der Treffsicherheit seiner Aussprüche, die von tiefer Gottesliebe und inniger Liebe zu Gottes Geschöpfen getragen waren.

Er machte keinen Unterschied zwischen den Bekennern der einen oder anderen Religion: „Alle diese Farben müssen Asche werden", sagte er leise. „Erst wenn sie von der Liebe verbrannt zu Asche geworden sind, sind sie eins und alles" (ein unübersetzbares Wortspiel zwischen *kül*, „Asche", und *küll*, „das Ganze, Alles").

„Sehen Sie", sagte er zu Mama, „die Propheten sind wie die Sonne, die jeden Tag scheint und die Menschen erleuchtet – aber hast du schon mal gesehen, daß auf der Sonne ‚Dienstag' steht oder ‚Freitag'?"

Am nächsten Morgen genossen wir ein sehr reales Frühstück mit Dingen, die wir in Ankara seit Wochen nicht gesehen hatten, wie Käse und frische Butter, und wurden zum Seyhan Staudamm gefahren, der, auf die vom Taurus herabfließenden Schmelzwässer wartend, still und blau zwischen den Hügeln lag; wir pflückten erste Frühlingsblumen. In den Schaufenstern aber manifestierte sich Adanas Reichtum, den man der Baumwolle verdankte, in Anhäufungen gewaltiger Goldarmbänder.

Nachmittags bestiegen wir einen Dolmuş und erreichten Iskenderun in zwei Stunden, fanden ein einfaches Hotel und eilten zum Seefahrtsamt. Der Agent war gerade dabei zu schließen, er müsse zu einem Cocktail.

Nun, und wann würde unsere „Izmir" ankommen, mit der wir noch nach Izmir zu fahren gedachten?

Der Meermann hob die Hände: „Ach, die ist gestern vor Izmir gesunken ..."

Jetzt wurde uns klar, daß die Ankaraer Agentur wohl das Zweite Gesicht haben mußte, da sie uns keine Karten verkaufen wollte! Was tun? Der Meermann seufzte: Vielleicht, ja, vielleicht, inschallah könnten wir doch mit dem Postdampfer „Nejat" fahren; er sei zwar klein, halte aber an jedem Hafen, und statt vier Tage seien wir acht Tage für genau denselben Preis unterwegs.

„Und wann kommt er?"

„Gott weiß – theoretisch übermorgen, aber vielleicht auch ein bißchen später, wegen dieses Unglücksfalles ..."

Der schneebedeckte Gipfel eines Berges überragte die Bucht von Iskenderun, und für einen Augenblick waren Stadt, Hafen, Berg in ein flammend purpurviolettes Licht getaucht. Wir meinten, an diesem romantischen Ort könne man es ein paar Tage aushalten.

Nein, der „Nejat" käme sicher erst in drei Tagen, seufzte der Meermann am nächsten Morgen, und wir wanderten die Straßen auf und ab und ab und auf, zählten die Palmen und die Bettler und Schuhputzer, tranken etwas, was unter dem Namen Tee verkauft wurde, und dachten nach. Als Ergebnis beschlossen wir, nach Antakya zu fahren, wohin es immer Dolmuşverbindungen gab; wir kannten den Belenpaß, nach dessen Überwindung der Wagen sich gen Süden wandte, eine schöne, mit Bäumen bestandene Straße entlang. Man fühlte sich an das Voralpengebiet im Frühling erinnert. Wir hofften auf vieles Schöne in Antiochien, der alten Metropole der Christenheit, dort, wo die Jünger erstmals „Christen“ genannt worden waren. Es war jedoch ziemlich reizlos. Der Orontes strömte gelbgrau unter einer Brücke, Möwen umkreisten das Postamt. In Harbiye dachten wir, die Wasserfälle zu sehen, die zu den schönsten Anatoliens gehören sollten; aber sie waren seit einiger Zeit zu elektrischem Strom umfunktioniert. Hier sollte sich einst die junge Daphne auf ihrer Flucht vor Apoll in einen Lorbeerbaum verwandelt haben – ein Junge brach uns einen Lorbeerzweig ab. Auf dem nach Antakya hinunterführenden Wege haben einst die Villen gestanden, welche die Römer mit herrlichen Mosaiken ausgeschmückt hatten – wenigstens einige dieser Mosaiken waren in dem gepflegten Museum zu sehen, am schönsten wohl jenes, das Orpheus und die seinem Spiel lauschenden Tiere in überraschender Lebendigkeit zeigt. Der Museumsgarten war mit Marmorsarkophagen gefüllt; darunter eine unsagbar rührende Mädchengestalt. In dem noch von den Franzosen angelegten Park blühten große Veilchen.

Unser Chauffeur führte uns durch winklige Gassen in ein Lokanta, in dem es die berühmten Kebabs der Gegend gab. Die Schürze des Wirtes, der, mit einer feuerroten Jacke angetan, vor dem Rost hantierte, war offenbar seit den Tagen der Apostel im Küchendienst gewesen, aber die Speisen waren in der Tat vortrefflich, und sein Schaufenster hätte einen Maler entzücken können: aufgehäufte bittere Orangen, Spieße, an denen sich Schwanzfett, blaue Auberginen, rote Fleischbrocken oder Gehacktes, weiße Zwiebeln und Orangen abwechselten, oder kunstreich aus fünferlei Schichten aufgebaute Braten ... Wir dankten, fotografierten ihn und gingen zu dem Bazar, wo die stärker arabisch als türkisch wirkende Bevölkerung uns mit Staunen musterte. Ein Mann mit abgehauenem Ohr ging vorüber – war es der Kriegsknecht, den Petrus verwundet hatte? Kirchengeschichte aus der Zeit, da Antiochien ein Mittelpunkt frühchristlicher theologischer Bildung war, wurde lebendig; aber äußere Spuren jener Zeit gab es nicht mehr.

Nach einem weiteren Tag Iskenderun, mit Palmen, Bettlern und Schuhputzern, aber ohne die berühmte „Nejat“, flohen wir nach Mersin. Es war eine rasche, angenehme Fahrt von 140 Kilometern durch Adana über Tarsus, wo die späten Landsleute des Völkerapostels in der Sonne saßen, ohne den schönen Tag Gottes durch Arbeit zu entweihen, nach Mersin, das Tarsus als wichtige Hafenstadt abgelöst hat. Hier fühlten wir uns wohl; das heiße Wasser im Bad des Hotels lief, und wir konnten vom Balkon aus aufs Meer sehen und nach unserer „Nejat“ ausschauen. Wir durchwanderten die Stadt nach allen Richtungen; jenseits eines kleinen palmbestandenen Parks lagen einige stille, vornehme Konsulatsgebäude. Zwei Kätzchen mit silbergrauem Fell und unschuldigen Kindergesichtern sahen sich überrascht die Besucher am Zaun des schwedischen Konsulats an und riefen leise maunzend ihre ebenso silbergraue und sanftgesichtige Mama, die ihnen offenbar sagte, daß wir vertrauenerweckend aussähen. Lange blickten wir uns gegenseitig an.

Ringsum war die Stadt von Orangenhainen umgeben, an deren Rand manchmal langohrige Ziegen weideten; weiß und braun, silbergrau und schwarz gingen sie wie eine lebendige Mohairdecke einher.

Die Schiffsagentur wußte nichts von „Nejat“ – inschallah morgen ... Aber einer der jungen Angestellten, der unsere Enttäuschung sah, versprach, uns zu einem Ausflug zu verhelfen; nachmittags trafen wir uns mit ihm vor dem Hotel; er und sein Freund setzten uns in einen prächtigen Cadillac, und rasch hatten wir Viranşehir erreicht, eine weit ausgedehnte Ruinenstätte, in deren Mitte drei hohe Säulen von der verschwundenen Pracht eines Jupitertempels kündeten. Unter ihnen stand ein altes Weib zahnlos und zerlumpt, das zwei starke Kamele mit sich führte. Sie warnte uns: der Kamelhengst habe kürzlich erst einen Mann getötet. Kamele sind, wie man weiß, sehr nachtragend (*deve kini,* Kamelshaß“, bedeutet im Türkischen langes Nachtragen) und sie können, vor allem in einem geschlossenen Raum, leicht jemanden niederwerfen und sich einfach auf ihn legen, bis er tot ist. Der Hengst stand mit hochmütigem Gesicht dabei, und ich fragte mich, ob die Alte wohl schon zur Römerrzeit hier gelebt hatte. Sie beugte sich zur Erde: da lag ein neu geborenes schwarzes Zicklein, das sie liebevoll auf den Arm nahm. „Die Ziegen warten", sagte sie und verschwand im hohen Gras.

Unser Gastgeber fuhr uns durch die Orangenhaine zurück, und es stellte sich heraus daß er Hemdenschneider war, der sich für den kleinen Ausflug rasch das Auto eines Adanaer Kunden geliehen hatte, um uns eine Freude zu machen. Nein, keinen Dank bitte: wir mußten noch einen Kaffee (damals Mangelware in der Türkei) mit ihm trinken, und schieden als gute Freunde.

Am nächsten Tag erschien „Nejat". Wir sahen das schwarze Ungetüm von unserem Fenster aus, und es sah wenig vertrauenswürdig aus. Noch weniger, als wir ihn endlich abends bestiegen. Denn er stammte von 1892 und die Passagiere zweiter Klasse saßen hinter Gittern, sofern sie nicht bei schönem Wetter, auf Deck lagen (abends wurden sie dann wieder eingeschlossen). Die Kabinen waren winzig, die Betten von der Größe und Bequemlichkeit eines griechischen Sarkophags ... und da der Frachter auch noch vier quietschende Kräne hatte, machten wir uns auf einiges gefaßt. Hatte ich nicht gerade Mehmet Akifs berühmtes Gedicht auf den alten Dampfer übersetzt, in dem es hieß:

Es gab anno dazumal hier
'nen Unglückskahn – Dampfer uralt,
Der ward für die Mittelmehrfahrt
bestimmt und reichlich dotiert.
Der alte Kaptän: „Ohne mich!
Bring einen, wenn's einer riskiert!"
Der neue Kaptän kommt, und stracks

begibt er sich schon auf die Brück' –
Der Mann hatte immerhin doch
noch einigermaßen Glück:
Das ließ ihn auf günstigen Wind
und Strömung nicht warten zu viel,
Des Abends schon sticht sie in See,
die Unglückspost – Izmir das Ziel ...

Würden auch wir am Ende oder in der Mitte dieser Reise ohne Karte und Kompaß im Meer treibend versinken?

Nein, am nächsten Morgen hielten wir immerhin in Taşucu, dem Hafen von Silifke. Der Himmel war grau, aber wir machten einen Landspaziergang, und hinter den winzigen Häusern lag ein römischer Friedhof mit rührenden Kindergräbern; von dem danebenstehenden Johannisbrotbaum wurden uns die Früchte und Blätter überreicht, und eine junge Frau eilte aus ihrem Haus, um Mama einen Strauß Bergnarzissen zu bringen. Nahe dabei lag der Fluß, in dem Barbarossa einst ertrunken war.

Es war windig, das Schiff rollte; im Salon saßen wir, während sich ein paar junge Bergbauingenieure die Zeit mit Spielen vertrieben; ein älteres Ehepaar sah nach einem sehr ungezogenen Enkeltöchterchen. Rechter Hand zog die felsige Küste vorüber, und man wartete gespannt, was für ein neues Bild wohl nach der nächsten Klippe auftauchen würde. Der Tag verging erträglich, doch wir sagten nicht Nein, als Monsieur Salomon, ein menschenfreundlicher älterer Herr aus Beirut, beim Abendbrot in fließendem Deutsch sagte:

„Wenn ich Euch einen kleinen Schnaps anbiete, trinken Sie den?“ Und er füllte unsere Wassergläser mit Wodka.

In Anamur mit seiner berühmten Festung legten wir nachts an und konnten daher leider nichts sehen; dafür hörten wir das Kreischen und Quietschen der Kräne, bis wir endlich in den Schlaf geschaukelt wurden.

Aber als wir erwachten, schien die Sonne, und vor uns tauchte Alanya auf, eine gewaltige Festungsanlage auf schmaler Landzunge: alter Stützpunkt der Seldschuken, die dort im frühen 13. Jahrhundert eine große, fünfbogige Werft errichtet hatten. Als wir das Städtchen umwandert hatten, standen wir wieder am Meer, die Festung hob sich wie Filigranwerk vom Himmel ab. Über den weißen Strand aus winzigen Steinchen zogen langsam Kamele. Wir besuchten die heilkräftige Tropfsteinhöhle, in der Asthmakranke inhalierten; vor der Höhle balgte sich eine große Katze mit einem ebenso großen Hundebaby, dem noch fünf Geschwisterchen, tollpatschige Wollknäuel, folgten. Wir saßen in der Sonne und blickten in die durchsichtig turmalingrünen hohen Brandungswellen und trennten uns ungern von diesem Platz, dessen Wärter uns einen Tee brachte. Aber bevor der Dampfer weiter*eilte*, wollten wir noch rasch den mittelalterlichen, vor kurzem renovierten Roten Turm besteigen.

An diesem Nachmittag entdeckten wir unseren künftigen Stammplatz: auf der ersten Brücke der „Nejat". Zwar gab es dort keine Stühle, aber der hilfsbereite Erste Offizier brachte einen hochbeinigen Hocker für Mama, und ich saß zwar nicht sehr bequem, aber glücklich auf der Reling. Wir verfolgten die Route auf der Karte, plauderten mit dem Kapitän, den Offizieren und dem Schiffsarzt, Delphine umspielten das Schiff, und am Ufer waren die ausgedehnten römischen Ruinenstätten zu erkennen, die gewaltigen Theater, die jetzt dank der Tätigkeit türkischer Archäologen wieder ans Licht getreten sind. Abends legten wir in Antalya an, und am Morgen konnten wir dieses beliebte Ferienziel der Deutschen kurz besuchen: einer meiner Studenten holte uns ab, führte uns zum Hadrianstor, zum Park, zu dem „gedrehten" seldschukischen Yivli Minare. Das Museum beherbergte zahllose antike Kostbarkeiten, darunter eine Armreliquie des Heiligen Nikolaus, in dessen ehemaligem Bistum wir uns jetzt befanden. Wir wären gern noch nach Perge und Aspendos gefahren, aber um zehn Uhr lichtete „Nejat“ die Anker und trug uns an zerklüfteten Felsen, hinter denen Schneegipfel aufragten, in sanfter Bläue südwärts zum Kap Kalydonis, der Südspitze des Landes. Bei Sonnenuntergang erreichten wir Finike, wenig entfernt von Myra, dem Bischofssitz des Heiligen Nikolaus, und über Nacht ging es westwärts nach Kaş und Kalkan. Dort, wo die schneebedeckten Gipfel des Antitaurus sichtbar wurden, luden wir Sesam, und unser Deck wurde langsam zu einer Art Ausstellung von Menschen, Tieren und Waren.

Auf bunten Kelims hockten ebenso bunte oder auch ganz schwarzverschleierte Frauen; ein Mann mit den landesüblichen weiten Hosen lila Strümpfen, grünlicher Jacke und einem aufgespannten Regenschirm in der Hand schlief stundenlang dort; ein paar sanfte Schafe hatten sich eingefunden; aus zwei Ecken krähten Hähne, und dazwischen fegte die Krankenschwester des Schiffes umher, mehr oder minder blütenweiß gekleidet. Sie war aus Maras und begrüßte uns mit den Worten: „Schwester Paula, Schwester Anna, Schwester Hedwig – o du fröhliche, o du selige!“ und im übrigen machte sie dem Gerücht Ehre, daß die ideale Frau in Maraş so dick sein müsse, daß sie nur seitwärts zur Tür hereinkommen könne (*Hele güzel, hele güzel, kapıdan yan giri!*)

Wir genossen es von unserem luftigen Sitz aus einerseits dies bunte Leben, andererseits die immer wechselnden Kulissen zu beobachten. Gegen Mittag streckte sich ein langgestrecktes Kap vor, das einem türckischen Krokodoil ähnelte. Dahinter sollte Fethiye liegen, dessen Schönheit jeder pries. Langsam schoben sich die Felsen vor: das Meer glich einem breiten Strom, in dem Inselchen den Weg zu versperren schienen, und plötzlich, nach einer kleinen Biegung, waren wir wie in einem See gefangen – vor uns eine fruchtbare Ebene, rechts, am Fuße einer Felswand, eine hübsche Stadt, überragt von einer Festungsruine; in die Felsen waren aber in scheinbar unersteigbarer Höhe Höhlen, mit kunstvollen Säulenportiken eingehauen. Gegenüber aber steigen sanfte, lichtgrüne Hügel langsam an, gekrönt von einem spitzen, völlig regelmäßigen Schneeberg. Es war eine Landschaft, wie man sie manchmal im Traum sieht und von der man nicht vermutet, daß es sie wirklich gibt.

Ein flinkes grünes Boot, nach dem Hauptausfuhrgut des Hafens „Chrom" genannt, brachte uns an Land, und der Schiffsarzt, der Student und wir beide gingen auf Abenteuer.

Wie sauber diese Stadt war! Die Gärten gepflegt, hin und wieder ein riesiger, hausähnlicher Sarkophag, und in allen Gärten blühende Kirschen-, Pflaumen- und Mandelbäume. Ein alter Mann führte uns zu den Grabkammern, und der Arzt und ich erklommen, gefolgt von einer Schar Kinder, den schlüpfrigen Steilhang, bis wir unter den etwa zehn Meter hohen Granitsäulen der untersten Höhle standen. Ihr Inneres war dunkel, an drei Seiten mit Steinbänken ausgestattet. Der Doktor erzählte den staunenden Kindern, wie er hier vor 2000 Jahren als Heiliger gelebt hätte, während ich den Blick übers Wasser zum Gletscher hin genoß.

Mühselig rutschten wir herab; ein kleines Mädchen mit elfenbeinweiße Haut und armdicken kupferroten Zöfen, das meine Hand (oder ich ihre?) umklammerte, erinnerte an die vielen Meschenrassen, die hier im Südzipfel der Ägäis im Laufe der Jahrtausende gelebt haben.

An diesem friedvollen Spätnachmittag tranken wir unseren Tee am Strand, und die Welt schien in vollkommener Ordnung.

Am nächsten Morgen, nordwestlich steuernd, begann bald die Einfahrt nach Marmaris, wo sich wiederum die Felsen fjordähnlich zusammenschlossen, um uns von neuem in eine seeartige Bucht mit durchscheinend aquamarinfarbenem Wasser einzufangen. Ein Seehund schwanmm vor uns her: die Tannenwälder dampften im Frühnebel. Gerade legte ein Motorboot ab, um nach Rhodos zu fahren; denn der Ort ist vor allem als Überfahrtshafen zu der griechischen Insel wichtig. Am Nachmittag konnten wir mit dem Fernglas leicht Burg und Stadt auf Rhodos erkennen, ehe ein unbeschreiblich farbiger Sonnenuntergang die Felsen und Wasser lila-rosa färbte. Dann sank schnell die Dunkelheit, und wir sahen von Ferne die Lichter anderer Inseln und lernten von unseren Mitreisenden viel über die Problematik des Fischfangs, bis wir abends in dem uns vorher völlig unbekannten Daça einliefen, das verloren auf einer langen, dünnen Landzunge lag.

Wir erwachten morgens vom Quietschen der Kräne. Wo waren wir? Ich sprang an Deck und schrie fast vor Erstaunen: genau vor der „Nejat" lag die gewaltige Kreuzritterburg von Bodrum, dem alten Halikarnass, wo einst eines der sieben Weltwunder zu sehen war. Riesig, aus grauen Blöcken aufgetürmt, hütete die Burg den Hafeneingang, und noch lange sahen wir sie, scharf von den grünen Bergen abgehoben.

Zwar hatte der Kapitän jeden Tag behauptet, so gutes Wetter. wie wir es hätten, sei im Februar unmöglich, aber es hielt sich auch am nächsten Tag. Die Landschaft, gegliedert durch Inseln und Kaps, war belebter: Dörfer und Städte wurden zahlreicher, winzige Inselchen lagen im Blau hingestreut, und man sah, wie nahe der Dodekanes an der türkischen Küste lag. Der letzte Hafen, den wir anlaufen sollten, war Güllük, wo viel zu laden war; die frommen Schafe waren, samt einem Leuchturmgestell, in Bodrum an Land gegangen, dafür hatten wir ein Tauchboot mit Ausrüstung und Besatzung auf Deck liegen.

Am Morgen standen wir an unserem Stammplatz, genossen das noch immer strahlende Wetter und fragten den Ersten Offizier, was das denn für eine westlich vor uns liegende Küste sei. Er lachte: das sei die Insel Samos. Wir hätten es ahnen sollen: der Kopf ihrer Berge war ganz benebelt, als hätten sie dem guten Samos-Wein zu kräftig zugesprochen... Mehr noch war zu sehen: man ahnte die Umrisse von Patmos, und am Himmel zog eine gewaltige Wolke auf, die genau die Form eines Engels hatte: plötzlich war klar, daß die Offenbarung Johannis hier auf Patmos entstanden sein mußte. Irgendwann waren wir auch an der Insel Ikarion vorbeigekommen – war nicht dort Ikarus abgestürzt, als er von Kreta kam?

Durch eine schmale Meerenge kämpfte sich das Schiff, und plötzlich, als wir hinter dem zackigen Karaburun in Richtung Izmir nordöstlich eindrehten, erhob sich ein starker Sturm; der Himmel bezog sich; nur zum Sonnenuntergang brach plötzlich grelles Licht durch. Das Schiff schwankte, und die wenigen Passagiere (die meisten waren in Antalya geblieben), drängten sich im Salon zusammen. Ich pries das gute Wetter, das uns bisher in unserer eigenen Welt bewahrt hatte, denn nun stellte sich der Großvater des schreilustigen Enkelkindes vor, und siehe, das Kind stammte aus der Familie meines geliebten Mevlâna Rumi ... (Er möge mir verzeihen!). Ich brachte es fertig, mein bis dahin wohlgehütetes Inkognito nicht zu lüften. Dafür stellte sich heraus, das der neu zugestiegene Herr Tabak für Firma Brinkmann (Bremen) verkaufte, wo meine Tante Geschäftsführerin war.

In tüchtigem Sturm näherten wir uns Izmir, das sich wie ein leuchtendes Halsband am Golf langzog, und sahen auch die halbversunkene „Izmir“, die uns eigentlich hätte tragen sollen. Da wir erst kurz vor Mitternacht anlegten, zogen wir es vor, auf dem Schiff zu übernachten (ehrlich gesagt, der Abschied fiel uns ein bißchen schwer), und am nächsten Morgen ging es zu Familie Kocagöz in Karşıyaka, die sich schon große Sorgen um uns gemacht hatten.

Ich hatte Samim Kocagöz 1952 durch meine literarischen Freunde kennengelernt und ein paar Tage in seinem gastlichen Hause verbracht. Einige seiner Kurzgeschichten, die sich in erster Linie mit der Problematik der Bauern in seinem heimischen Söke befassen, hatte ich übersetzt, und wir freuten uns über das Wiedersehen.

Am Nachmittag fuhr Samim uns nach Izmir selbst, hinauf auf die alte Festung, von der man einen großartigen Blick auf den weiten Golf hat, der damals noch nicht, wie heute, in eine Betonkette verwandelt war. Der Sturm hatte große Teile der Uferstraße unter Wasser gesetzt.

Am nächsten Tag führte Samim uns nach Ephesus. Erstmals sahen wir im Museum von Selcuk die „Diana der Epheser", das Standbild der achtzehnbrüstigen Göttin, die als Halsband die Tierkreiszeichen trägt und deren Rock mit Tier- und Pflanzensymbolen geschmückt ist. Löwen sitzen auf ihren Schultern, Rehe und Falken ihr zu Füßen. Könnte man die allumfassende Muttergöttin besser darstellen? Dann zu den Ruinen, und ich sah bewundernd, wie viel in den letzten fünf Jahren neu ausgegraben worden war; weitere Straßenzüge und Bäder waren freigelegt worden, und besonders beeindruckte uns der gewaltige Serapistempel, der, noch unvollendet, durch ein Erdbeben zerstört worden war und dessen halbbearbeitete Säulen die Vergänglichkeit aller Macht zeigten.

Dann wand sich der Wagen zu Meryem Ana, dem Heiligtum, wo, der Legende nach, die Jungfrau Maria die letzten Jahre ihres Lehens verbracht hat. Eine Quelle, ein kleiner Hain, und ein Blick auf das ferne silberne Meer – wie friedlich war es, als die buntbehosten Touristen abgezogen waren ...! Für die Türken, die ja, wie alle Muslime, die Jungfrau Maria als eine der besten Frauen, die je gelebt haben, verehren, ist das kleine Heiligtum ein gern besuchter Platz: hat doch der Koran die Jungfrau mit besonderer Liebe erwähnt.

Auf dem Rückweg besuchten wir die von 1374 stammende Isa Bey Cami in Selcuk, ein mächtiges Gebäude aus gelbem Sandstein, mit Säulen vom Artemistempel errichtet. Das Portal ist noch imponierend wie in der Seldschukenzeit: der weite, einst arkadengeschmückte Hof enthielt Grabsteine, zwischen denen Margeriten wuchsen. Das Innere der Moschee mit ihren beiden

Samim Kocagöz und seine Familie, 1954

Mittelkuppeln gleicht einem hohen Dom; und nicht weit entfernt liegt die prächtige Johanniskirche aus weißem Marmor.

Am folgenden Tag ging es (natürlich nicht ohne die damals fast obligatorische Reifenpanne) zu italienischen Freunden in Buca, mit denen mich die gemeinsame Verehrung für den italienischen modernistischen Theologen Ernesto Buonaiuti verband. Aber auch ohne das hätten wir den Tag in dem alten Haus mit seinem etwas verwilderten Garten, mit der warmherzigen Familie, gutem Essen und Wein und angeregten Gesprächen sehr genossen, und unser liebenwürdiger Gastfreund ließ es sich nicht nehmen, uns auf der Fähre bis nach Karşıyaka zu geleiten.

Noch ein Abschiedstag, in dem wir Izmir durchstreiften, das mir als ein einziges Veilchenbeet in Erinnerung blieb. Gespräche über Literatur und Politik, Wirtschaft und Religion füllten den Abend; der freiere Geist des Mittelmeerhafens schien recht weit entfernt von unserem orthodoxen Zentralanatolien. Dann flogen wir nach Istanbul, da die Zugverbindungen zu schlecht waren, und in der grauen Stadt wurden wir wiederum bei Jale und Mustafa mit gewohnter Wärme aufgenommen und besuchten so viele Freunde wie möglich.

Doch als wir Sonntag mit dem Bus nach Ankara fahren wollten, holte uns der Winter nochmals ein: ein Schneesturm raste über die Stadt; aber wir wateten trotz der Warnung der Freunde durch den knöcheltiefen Schnee, bis wir ein Taxi fanden – und der Autobus hatte tatsächlich die edle Absicht, zu fahren. Daß er beim Auffahren auf die Fähre ein Loch ins Benzindepot schlug, daß es durchschneite und anderes waren nur kleine Schönheitsfehler; die zahlreichen umgestürzten Busse und Lastwagen vor allem auf dem steilen Aufstieg zum Bolu-Paß lassen es als Wunder erscheinen, daß wir Ankara heil erreichten.

Und am nächsten Morgen stand schon Bruder Ismail aus Konya zur Frühstückszeit vor der Tür; die treue Fatma, die wieder einmal eine Fehlgeburt gehabt hatte, umarmte uns mit Freudentränen; Korrekturen warteten; wir mußten auf Wohnungssuche gehen – kurz, wir dachten dankbar an unsere Abenteuer auf der „Nejat“ zurück und sagten zufrieden: „Es ging wider alle Vorausgesicht gut“. Und wenn immer ich „Nejat“ in Istanbul ankern sah, schickte ich dem wundersamen Schiff einen Gruß hinüber ...

Konya

Achtzehn ist die heilige Zahl der Mevlevis, der Tanzenden Derwische, denn das Eingangsgedicht von Mevlâna Dschelaladdin Rumis großem Lehrgedicht dem *Mathnawi*, hat achtzehn Verse.

Zweimal achtzehn Jahre vergingen zwischen meinem ersten Besuch in Konya und dem vorläufig letzten im Herbst 1988, als ich zur Entgegennahme eines Ehrendoktorats der Selcuk Üniversitesi nach vielen Jahren die Stadt wiedersah, die einstmals fast Heimat in der Türkei für mich gewesen war. Wie hatte Mevlâna gesungen:

Komm in unser Haus, Geliebter, kurze Zeit!
Und belebe unsere Seele kurze Zeit!..
Daß der Himmel sehen möge mitternachts
Eine klare Sonne strahlen kurze Zeit,
Daß von Konya aus erstrahle Liebes-Licht
Bis Samarkand und Buchara kurze Zeit ...

Das „Liebes-Licht" hatte nicht nur die Städte Zentralaseins überstrahlt, sondern hatte auch Europa erreicht, wo Friedrich Rückert 1820 erstmals deutsche dichterische Versionen von einigen der Ghaselen Rumis veröffentlicht hatte. Sie waren es, die ich als Kind gelesen hatte, und kaum hatte ich genug Persisch an der Berliner Universität gelernt, um Mevlâna zu lesen, da begann ich schon, seine Verse zu übertragen. Seit jenen frühen Tagen war er für mich der geliebteste aller mystischen Dichter nicht nur in der islamischen Welt.

So schien es selbstverständlich daß ich bei meinem ersten Aufenthalt in der Türkei unbedingt nach Konya wollte. Aber wie? Ich fragte deutsche Freunde, ob sie mich begleiten würden.

„Ja gerne, aber ..."

Ich bat türkische Freunde, mit mir zu kommen.

„Ja, mit Vergnügen, aber ..." Und so war ich fast verzagt und klagte meinen Kummer einer älteren türkischen Bekannten, einer lieben, verständnisvollen Seele, die nahe der Istanbuler Universität wohnte.

Sie sah mich an: „Aber Kind, das ist doch ganz einfach: Hazret-i Mevlâna will diese Leute nicht sehen. Er will dich allein sehen!"

Und so rechnete ich all mein Geld zusammen und kaufte mir mutig eine Flugkarte nach Konya, einem Flugplatz, den es nur wenige Jahre gab. Ich fand ein einfaches sauberes Hotel in der Stadtmitte und ging zur *Yeşil Türbe*, zu dem Mausoleum Mevlânas, dessen türkisfarbene, spitz zulaufende Kuppel von weitem leuchtete: Ein kleiner verwilderter Garten, hinter dem Mausoleum Grabsteine treuer Anhänger des Meisters, alles wenig gepflegt, aber bewegend. Der damalige Museumsdirektor half mir mit Informationen weiter, und ich ließ mich durch die Stadt treiben, sah die zerfallene Burg, die gewaltige Alaettin Moschee, die schönen kleinen Medresen – alles in einer Art Trance. In der Nacht gab es ein schweres Gewitter, und am Morgen war die Stadt in Grün gehüllt, der schwere Duft der Ölweide *(iğde)* erfüllte die Luft, und ich ging umher und begriff, warum in Mevlânas Dichtung das plötzliche Erwachen des Frühlings, die Tränen der Wolke, der Hall des Donners, indem der Dichter die Posaune der Auferstehung zu hören meinte, eine so große Rolle spielt. Man mußte diese Verwandlung miterlebt haben, um zu verstehen, warum er immer wieder den Tanz der

Zweige im Frühlingswind, die paradiesischen grünen Gewänder der Bäume und Sträucher besingt: die ganze Natur stimmte in das Lob der Frühlingssonne ein, die der Welt neues Leben schenkte.

Ich wurde aus meinen Träumereien aufgeweckt, als mir plötzlich ein Kollege aus Istanbul begegnete, der mich für den Rest des Tages unter seine Fittiche nahm und mit dem ich die Stadt nochmals durchwanderte – eine verschlafene Stadt mit, wie mir schien, liebenswerten Menschen, die die einsame Besucherin erstaunt, aber wohlwollend ansahen. Doch als ich am folgenden Tag die kleine Maschine bestieg, gerieten wir in ein solches Gewitter, daß ich schon fürchtete, das Flugzeug werde wie ein aufgespießter Schmetterling auf einem der nadelspitz scheinenden Felsen bei Afyonkarahisar enden ... Aber Mevlânas Segen brachte uns heil nach Istanbul, und bei dem abendlichen Empfang im Hause Professor Erdmanns, eines alten Bekannten aus meiner Berliner Studienzeit, wurde mein Abenteuer gebührend bewundert.

Das war der erste, unvergeßliche Besuch; im folgenden Jahr fuhr ich mit Ankaraer Freunden erstmals auf der Landstraße nach Konya, die ich im Laufe der folgenden Jahre so gut kennenlernen sollte, ja, man kannte eigentlich jeden Stein, wenn man von Ankara kam. Kurz vor Kilometer 100 standen zwei Bäume, dann gabelte sich die Straße; die linke führte am großen Salzsee vorbei dem Taurus zu, während der Weg nach Konya nach weiteren 60 Kilometern auf den Flecken Cihanbeyli stieß. Dort erquickte man sich – im Winter fast auf dem ungepflasterten Markt im Schlamm versinkend – für eine Viertelstunde, trank Tee oder Ayran, wenn man nicht schon etwas zuvor in Kulu den von den Autobus umschwärmenden Kindern angebotenen Ayran genossen hatte. Nur noch 100 Kilometer: die Straße war schnurgerade und verlockte zum Rasen, aber plötzlich auftauchende Schafherden, unberechenbar das Auto angreifende Wachhunde geboten Vorsicht. Dann, nach links biegend, überschritt man den letzten niedrigen Paß, und die weite Ebene Konyas tat sich auf. Man fühlte sich schon zu Hause, wenn zum ersten Mal die beiden Gipfel der erloschenen Vulkane im Süden der Stadt sichtbar wurden und von fern das Grün der Gärten zu erkennen war.

Der Weg, scheinbar so eintönig in der waldlosen, baumlosen, unendlichen, sanft hügeligen Hochebene war immer von neuem reizvoll. Manchmal war das ganze Land graubraun; Schafe, Steine, die flachen Lehmhäuser, gelegentlich ein Zug mit Salz beladener Kamele – alle waren gleichfarbig, einer unwirklichen Mondlandschaft zugehörig; manchmal hoben sich die weißen Lämmchen, in Herden von den Mutterschafen getrennt, wie Frühlingsblumen von dem lichten Grün der Felder und Weiden ab; die fernen Berge waren durchsichtig blau, trugen vielleicht noch eine Schneekappe. Dann wieder brannte der Asphalt in der unbarmherzigen Mittagssonne und ließ seltsame Luftspiegelungen tanzen; machmal leuchtete der Hasan Dağ von jenseits den Salzsees im Abendlicht. Manchmal auch ließ ein Sonnenuntergang die Straße im schmelzenden Schnee zu einem amethystenen Band werden und verwandelte die Schafe in große Traum-geschöpfe, die sich zu den uralten Brunnen drängten, während die Hirten in ihren steifen breitschultrigen Filzmänteln ein schwaches Feuer zu entzünden suchten.

Jede Reise hatte ihre eigene Schönheit und ihre eigenen Abenteuer: der Motor des Autobusses konnte unterwegs seinen Geist aufgeben, und der Fahrer die Passagiere in einen vorüberkommenden, schon übervollen anderen Bus stecken (eine gute Gelegenheit, neue türkische Ausdrücke, vor allem Schimpfworte, zu lernen!). Der Bus konnte auch in eine tiefe Schneewehe geraten oder im fetten Lehm einer Baustelle stecken bleiben oder den Weg in einer Rekordzeit von viereinhalb Stunden zurücklegen – immer aber waren die Mitfahrer bereit, ihre Früchte, ihr Brot mit dem fremden Gast zu teilen. In den Tagen vor dem großen Fest, dem Todestag Mevlâna Rumis am 17. Dezember, brauste der Autobus von der Begeisterung der Besucher, die, fromme Lieder und Gebete rezitierend, aus allen Teilen der Türkei zum Grabe des größten mystischen Sängers der islamischen Welt pilgerten.

Aber viele Reisende fuhren nur dienstlich nach Konya: die aufstrebende, breit hingelagerte Stadt entwickelte sich von Jahr zu Jahr mehr zu einem wirtschaftlichen Zentrum. Eine große Zuckerfabrik und viele andere Fabriken wuchsen aus der Erde: neue Hotels, um den Ansturm der immer zahlreicher werdenden Touristen aufzunehmen, wurden geschaffen, die Denkmäler der seldschukischen Kunst wurden restauriert, und die Teppichhändler machten gute Geschäfte, ebenso wie die Händler, bei denen man die typischen buntbemalten Konyaer Holzlöffel erstehen konnte: zu den Traditionen der Stadt gehörte das *kaşık oyunu*, ein mit hölzernen Löffeln ausgeführter Tanz, und, im Zuge der neuen Zeit, wurden die Löffel jetzt mit Porträts Mevlânas, mit Bildern seines Mausoleums bemalt, Verse aus seinem Werk mehr oder minder kunstreich gekritzelt. (Aber 1988 hatte sich Konya in eine Großstadt verwandelt, bei deren Durchfahren ich mir eher wie in den Bronx vorkam, und kaum ein schöner Löffel war mehr zu finden. Es war zum Weinen.)

In jener frühen Zeit jedoch war Konya für mich nichts als die von Mevlâna Rumis Versen durchflutete Stadt. Wenn sich die Landstraße der Stadt näherte und man gedacht hatte:

Unsere Wüsten haben nicht Grenze noch Rand,
Unser Herz hat die Ruhe niemals gekannt ...

sah man zur Rechten den Horozlu Han, ein verfallenes Karawanserai der Seldschukenzeit (leider mit Hilfe der danebenliegenden Zementfabrik später wenig schön ausgebessert). Hier in Konya, dem alten Ikonium, hatten sich Schicht um Schicht die Völker der Antike überlagert; Höhlen mit Wandmalereien, die mehr als 7000 Jahre zurückgehen, wurden in Çatalhöyük in der Konya-Ebene entdeckt; Griechen und Römer ließen sich dort nieder. Die Volkssage verbindet den Ort mit Plato, der als großer Magier erscheint und dessen Name das an einem Quell gelegene hethitische Heiligtum von Eflâtun Pınarı nahe dem Beysehir See trägt. Antike Marmorplatten, die man hin und wieder als Brunneneinfassungen in Konyaer Gärten sah, zeigten die Präsenz der Römer, und der Kirchenhistoriker erinnerte sich aus der Apostelgeschichte, wie Paulus nach seiner Auseinandersetzung mit den Bewohnern der Stadt Iconium den Staub von den Füßen schüttelte und weiterzog gen Lystra. Doch hat es wohl immer eine bedeutende christliche Gemeinde in Konya gegeben: denn Kappadokien, die Heimat der großen, von tiefem mystischen Glauben durchdrungenen Väter der Ostkirche, wie Gregor von Nyssa und Gregor von Nazianz, lag nur wenige (antike) Tagereisen entfernt. Diese Gemeinden bestanden fort: die christlichen Höhlen bei dem zwischen Konya und Beyşehir liegenden Sile mit ihren interessanten Wandmalereien, und die verlassene griechisch-orthodoxe Kirche des kleinen Ortes zeigen diese Einflüsse und Traditionen.

Als die türkischen Seldschuken 1071 die Byzantiner bei Mantzikert geschlagen hatten und nach Anatolien fluteten, wurde Konya ihr Zentrum. Die wohlhabende Stadt zog viele Gelehrte und Künstler an, vor allem, als der Mongolensturm seit 1220 die östlichen Gebiete der islamischen Welt verwüstete. Der Einfluß ost-iranischer, chorassanischer Frommer, die vor den Horden Dschingiz Khans flüchteten, ist noch aus der kleinen Geschichte zu erkennen, die den Namen Konyas erklären soll: zwei chorassanische Heilige kamen schwebend und fliegend langsam über Iran nach Anatolien. Sie sahen die grüne Konya-Ebene vor sich und beschlossen, sich dort niederzulassen. „*Konalım mı*?" (Sollen wir uns niederlassen?) fragte der eine, und der andere nickte: „*Kon ya*!" (Laß dich doch nieder!). Und so erhielt die Stadt ihren Namen.

Unter denen, die aus dem Osten kamen, war Mevlâna Dschelaladdin Rumi, ein Jüngling, dessen Vater, berühmter Gelehrter, die Familie aus Balch durch die zentralen islamischen Gebiete nach Anatolien geführt hatte; die Familie ließ sich in Laranda-Karaman nieder, bis sie 1228 nach Konya gerufen wurden, wo der Vater 1231 starb und sein Sohn ihm auf dem Lehrstuhl für islamische Theologie in einer der zahlreichen theologischen Schulen (Medresen) nachfolgte und hier in Konya von mystischer Liebe zu dem Wanderderwisch, Şems-i Tabrizi ergriffen wurde, der aus dem gelehrten Professor den ekstatischsten Dichter der islamischen Welt machte: nahezu 40000 lyrische Verse, das über 25000 Verse umfassende Lehrgedicht, das *Mathnavi* („Doppelverse") und eine Reihe von Prosaschriften entstanden hier, in Konya, zwischen 1244, dem Jahr der Verzückung, und 1273, Mevlânas Todesjahr.

Bevor der Autobus die Stadt erreichte, fuhr er an einem alten Friedhof vorbei: halbversunkene Grabsteine, ein paar kleine Mausoleen, ein großes schlichtes Grabmal in Form einer Gebetsnische, erbaut für eine seldschukische Prinzessin, gemahnten den Besucher daran, daß sich die islamisch Mystik aus der Meditation jener Koranverse entwickelte, die die Vergänglichkeit alles Irdischen betonen, der die Unvergänglichkeit des Allmächtigen gegenübersteht. Mevlâna selbst hatte das Geheimnis des „mystischen Todes", des Verbrennens des Falters in der Flamme, das „Stirb und werde" in unzähligen Versen besungen und wußte:

Wenn sie am Tage des Todes
den Sarg in die Erde mir senken:
Daß mein Herz noch auf Erden
weilete, dürft ihr nicht denken.
Klaget nicht „Abschied, weh, Abschied!"

wenn ihr zum Grab mich geleitet –
Ist mir doch selige Ankunft
hinter dem Vorhang bereitet ...

Denn für ihn, wie für die Mystiker allgemein, war der Tod „die Brücke, die den Liebenden zum Geliebten führt“, nachdem die irdischen Hüllen abgeschüttelt sind wie ein bunter Flickenrock ...

Nachdem man am Friedhof vorübergefahren war, wand sich der Bus durch die engen Straßen und, an der Imam-Hatip-Schule vorüberfahrend, sah man plötzlich die Alaeddin Moschee, stolz und ernst auf dem Burghügel erbaut. 1220 errichtete Sultan Alaeddin Kaykobad sie, jener Herrscher, der den Flüchtlingen aus dem Osten eine neue Heimat gab. Zu seiner Zeit reichte die Macht der Seldschuken bis ans Mittelmeer; die Werft von Alanya zeugt noch davon. Barbarossa hatte auf seinem Weg zum Heiligen Lande hier im Frühjahr 1190 die Gastfreundschaft der Seldschuken genossen, und 1236 erreichten Franziskaner die Stadt, um mit Alaeddin Kaykobad religiöse Diskussionen zu halten (es war ja die Zeit, da die Franziskaner Möglichkeiten der Verbindung der Kirche mit den Mongolen erkundeten und wenig später bis nach Zentralasien vordrangen). Handel und Wandel blühten; die jährlichen Einnahmen des Staates betrugen in jenen Jahren mehr als 300000 Goldstücke. Von der gewaltigen Festung, die ursprünglich den ganzen Alaeddin-Hügel bedeckte, steht heute nur noch ein kümmerlicher Rest; als Moltke Konya 1838 besuchte, sah er noch die Umfassungsmauern. Die Reliefs, die jetzt in der Ince Minareli Medrese zu Füßen des Hügels im Museum aufbewahrt werden, lassen ahnen, wie wunderbar die Festung und ihre Tore geschmückt gewesen sein müssen – große Engelsgestalten, Falkner, Tierkämpfe und überaus kunstreiche Inschriften gibt es dort.

Diese Moschee aber, deren Halle Raum für 4000 Beter bietet, steht noch unversehrt: ein unregelmäßiger Bau aus gelbem

Sandstein überragt von einer konischen Spitze, die das Mausoleum der Fürsten überdeckt. Die Unregelmäßigkeiten des Inneren – verschiedene Säulen, leichte Drehung der Achse, wie sie durch An- und Umbauten verursacht wurden – fallen beim ersten Blick kaum auf, denn man betrachtete die ungezählten bunten Teppiche und Kelims, die den Boden bedecken und deren schönste vor der großen Gebetsnische (*mihrab*) liegen, die das im 13. Jahrhundert weithin übliche dunkeltürkisgrüne Fliesenmosaik aufweist. Der daneben stehende hohe Predigtstuhl (*minbar*) ist ein Meisterwerk der Holzschnitzerei: aus dem dunklen Walnußholz erheben sich Sterne und Rosetten, in geometrischen Mustern zu einem großen, geheimnisvollen System zusammengefaßt, und eine einfache, schöne arabische Inschrift im kufischen Duktus umgibt die Ränder. Wie oft mochte Mevlana hierher gekommen sein, um sein Gebet zu verrichten! Sein Schatten schien die ernste Stätte zu beleben – war er doch der große Beter, der von sich sagen konnte

Ich ward ganz zum Gebete, so viel hab' ich gefleht –
Wer immer mich erblicket, der bittet um ein Gebet!

Einmal waren wir Zeuge einer Handlung, die uns zutiefst berührte: Mehmet Önder, der Museumdirektor, dessen Aktivitäten Konya so viel Schönes verdankt, hatte wenige Tage zuvor bei der Reparatur einer Wand einen Hohlraum entdeckt, in dem sich ein kostbares Kästchen befand. Die vogelzarte junge türkische Freundin, die uns begleitete, durfte es öffnen, und aus zwölf Hüllen feinster Seide wickelte sie ein winziges Gefäß, wie es verwendet wird, um die begehrteste Reliquie, das Barthaar des Propheten, zu bewahren. Mit dem starken Rosenduft stieg aus den Tüchern der Duft eines seit Jahrhunderten gehüteten Geheimnisses auf. Die junge Frau küßte ehrfürchtig das Kästchen.

Zu Füßen des Burghügels liegen die beiden seldschukischen Medresen, die zu Mevlânas Lebzeiten erbaut wurden; die Karatay Medrese (1251), die sein Freund, der Minister Dschelaladdin Karatay, errichtete, und die Ince Minareli, sieben Jahre später erbaut, in dem für die islamische Welt so schicksalsschweren Jahr 1258, als die Mongolen unter Hulagu Bagdad einnahmen und den letzten Kalifen des seit 750 regierenden Abbasidenhauses töteten. Selbst wenn das Kalifat seit langem nur eine Art nützliche Fiktion gewesen war, um die zumindest theoretische Einheit der islamischen Welt zu dokumentieren, setzte mit dem Ende des Kalifates doch eine totale Wandlung in politischer und wirtschaftlicher Hinsicht ein. Für Anatolien bedeutete es, daß die Macht der Mongolen im Lande wuchs; sie hatten den Osten Anatoliens bereits in den dreißiger und vierziger Jahren des 13. Jahrhunderts unter ihre Herrschaft gebracht, und die Seldschukenfürsten waren nach den Thronstreitigkeiten nach Alaeddin Kaykobads Tod 1236 nur noch wie Puppen in ihrer Hand. Ja, am 25. November 1256 hatten mongolische Soldaten Konya belagert, wovon Mevlâna in einem seltsamen visionären Gedicht Kunde gibt; aber, so heißt es, seine Segenskraft hatte die Heere ferngehalten ...

Bei der lnce Minareli, die vor Jahrzehnten die Spitze ihres hohen, schlanken (*ince*) Minarets durch Blitzschlag verloren hat, ist es das Portal, das den Betrachter fasziniert: es dürfte das erste religiöse Bauwerk Anatoliens sein, dessen Tor mit einer großen verknoteten Inschrift in *sülüs*-Schrift, der kursiven Form der arabischen Schrift, umgeben ist; vorher war das steile und durch tausenderlei Verknotungen und geometrische Verknüpfungen zu höchster Raffinesse emporstilisierte Kufi für Bauepigraphik verwendet worden. Aber hier haben die Künstler ein wunderbares Band aus koranischen Versen geweht, das auch in späterer Zeit schwerlich übertroffen worden ist. Seltsame Säulchen, zwei artischockenartige Gebilde wachsen zu Seiten der Inschrift.

Während die Kuppel der Ince Minareli im Inneren schlicht ist – wenige türkisfarbene Ziegel unterbrechen das einfache graubraune Ziegelwerk – ist die Kuppel der nahe gelegenen Karatay Medrese für mich der vollkommenste Ausdruck „mystischer“ Frömmigkeit. Gewiß, es gibt größere, weiter ausspannende Kuppeln in der islamischen Welt – aber welches Gebäude könnte mit dieser verhältnismäßig kleinen Hochschule wetteifern? Vieles von dem Fliesenschmuck der Wände ist abgefallen, doch ahnt man, wie das vornehmlich türkisgrüne Innere früher gewirkt haben muß: daß die Medrese jetzt als Keramikmuseum dient, wo die Ausgrabungen der Seldschukenschlosses von Beyşehir, Kobadabad, ausgestellt sind, ist eine ausgezeichnete Idee.

Aber das Schönste ist die Kuppel über den Zentralraum: in den vier Ecken wird die Überleitung vom Quadrat zur Kuppel durch, jeweils fünf sogenannte „türkische Dreiecke“ gewonnen, die, sich nach oben verbreiternd, den Raum zum Vierundzwanzigeck verwandeln. Auf ihnen sind in türkis und schwarz glasierten Fliesen die Namen des Propheten Muhammad, seiner ersten vier Nachfolger (der „rechtgeleiteten Kalifen“) und die Namen einiger anderer koranischer Propheten in quadratischem Kufi zu finden: nur das Auge des Eingeweihten erkennt sie. Auf dem Rande des Tamburs dann folgt eine außerordentlich komplizierte koranische Inschrift, in der das verästelte, verknotete Kufi seinen Höhepunkt erreicht zu haben scheint; darüber erheben sich in der Kuppelwölbung Sterne – große und kleine, bis zu vierundzwanzig-strahlige Gebilde – die in geheimnisvoller Weise miteinander verbunden und verknotet sind und das Auge des Betrachter zu der kleinen Öffnung im Apex ziehen, durch die des Nachts die wirklichen Sterne beobachtet werden konnten, die sich dann wiederum in dem kleinen Wasserbecken in der Mitte des Raums spiegeln. Der Sternenreigen, der wie man sagt, ein Vorbild für den mystischen Reigen der Mevlevis bildet, ist hier für einen Augenblick erstarrt. Für mich drückt diese Kuppel besser als jeder Kommentar den Charakter von Rumis *Mathnavi* aus, das wenige Jahre nach Vollendung dieser Medrese begonnen wurde: fest gegründet in der islamischen Tradition und in den Worten des Korans (die, ebenso wie die verschlungenen Buchstaben der Inschrift immer wieder neu erscheinen wird) der Sinn, das Herz durch Zentralthemen und unlösbar mit ihnen und in sie verknüpfte Abschweifungen, kleinere „Sterne“ in wachsendem Staunen hinaufgezogen zu der göttlichen Wahrheit, die sich dann wiederum geheimnisvoll in jenem wasserklaren Spiegel zeigen kann, als den die Sufis das Herz bezeichnen. War es hier, wo Mevlâna den göttlichen Geliebten anredete:

O Herz, von deinem Herzen zu meinem
führt ein Pfad!
Wie man ihn suchen müsse, ist Kenntnis mir genaht:
Denn mein Herz ist wie Wasser,
ganz ungetrübt und rein –
Und Mondes Spiegelträger ist Wasser in der Tat!

Denn was könnte der dem mondschönen Geliebten anderes als Geschenk bringen als einen reinen Spiegel, in dem er sich selbst betrachten kann?

Seit ich zum ersten Mal in Konya war, sah ich diese Stadt durch Mevlânas Verse, las seine Gedichte als unlösbar mit der Stadt, ihren Moscheen, Medresen, Gärten verbunden – so sehr sie auch jede zeitliche und räumliche Beschränkung überwanden, um sich immer wieder zum Quell der ewigen Liebe, zu der alles wärmenden, aber auch alles verbrennenden Sonne der Liebe hinaufzuschwingen. Aber würde ich je den Reigen der Derwische sehen, den frühere Reisende beschrieben, Maler dargestellt hatten? Es schien völlig ausgeschlossen, denn seit 1925 war jede

Tätigkeit mystischer Bruderschaften in der Türkei verboten, waren alle Tekke (Derwischkonvente) geschlossen. Nur noch die Erinnerung war lebendig.

Doch im November 1954, als ich gerade in der Ilâhiyat Fakültesi in Ankara meinen Lehrstuhl übernommen hatte, kam ein Brief ins Haus – man plane, zum Todestage Mevlânas eine Feier in Konya zu veranstalten: wollte und könnte ich wohl eine Rede halten? Und ob ich wollte und konnte! Nur, so fragte ich zurück, dürfte ich Mama mitbringen? Aber selbstverständlich! Die Gnädige Frau Erzeugerin (*Valide Hanim*) sei herzlich willkommen ... Und so bereiteten wir uns vor, und die Vorfreude ließ mich im Traum einen herrlichen Derwischreigen sehen. Ich erzählte den Traum meinem guten Freund, Hafiz Sabri, der, im Hauptberuf ein höherer Beamter in einem Ministerium, an unserer Fakultät Koranrezitation lehrte und eine wunderbare Stimme hatte. Hafiz Sabri lächelte.

„*Inşallah hayır*“, sagte er, „so Gott will, bedeutet es etwas Gutes!“. „Ich werde auch da sein“, fügte er hinzu.

An einem graunassen Dezembertag bestiegen wir den Autobus und gingen in Konya zum Mevlâna Müzesi, wo im Direktorzimmer Mehmet Önder mit einigen Herren saß.

Wir wurden herzlich empfangen und zu unseren Gastgebern geleitet, einer begüterten Familie, in deren weiträumigen Haus wir uns gleich wohlfühlten. Da die älteste Tochter in wenigen Tagen heiraten sollte, durften wir die Aussteuer bewundern, und lernten, daß es Sitte war, jedem Mitglied des Haushaltes einen vollkommene Garnitur Kleider, einen kompletten Anzug zu schenken; alles war mit Liebe ausgewählt, und Elmas, das kleine *evlatlık*, ein Mädchen, das, ins Haus aufgenommen, als Hilfe und Spielgefährtin der Kinder mit aufwuchs, strahlte schon in Vorfreude auf das Fest.

Doch abends gegen neun oder zehn Uhr erschienen Männer, die uns in ein Auto luden und in die Innenstadt fuhren, wo wir in einem weiten, fast völlig leeren Haus eine größere Anzahl von älteren Herren sahen, die geheimnisvolle Pakete öffneten, aus denen Rohrflöten, Trommeln und – ich traute meinen Augen nicht – die hohen Filzkappen der Mevlevi-Derwische hervorgeholt wurden. Und während wir auf den beiden einzigen Sesseln des Hauses thronten, begannen die Männer zu musizieren, zu singen, und dann entwickelte sich der mystische Reigen (*sema*): das dreimalige langsame Schreiten und die Begrüßung des Scheichs, dann, mit dem zunehmenden schnelleren Rhythmus der Instrumente, das Drehen, die rechte Hand gen Himmel geöffnet, die linke erdwärts weisend, und dann der eigentliche Reigen. Die Derwische, die aus Ankara, Konya, Afyon und anderen Städten gekommen waren, hatten seit fast dreißig Jahren die Zeremonien nicht mehr gemeinsam halten können es war eine überwältigende Erfahrung, sie zu sehen, wie sie in dem Reigen wieder zu den Wurzeln ihrer religiösen Tradition zurück gingen, sich der Musik, dem sehnsüchtigen Klang der Rohrflöte, den Stimmen, die Mevlânas Verse sangen, hingaben. Träumten wir, oder war es Wirklichkeit? Hafiz Sabri lächelte wieder.

„Sehen Sie, Ihr Traum hat sich erfüllt“, sagte er und war sicher ebenso glücklich wie wir.

Am folgenden Tag begann die Pflicht: Vorträge in Schulen und Lehrerinnenseminar, dann wieder Moscheebesuch, wieder Reden, und stets wurden wir von liebenswürdigen Herren begleitet, sahen den Bazar der Goldschmiede, wo Mevlâna einstmals den Goldschmied Salahaddin zum Reigen gezogen hatte, hingerissen vom silbernen Hämmern der Handwerker, und da waren die Medresen, die osmanische Moschee neben Mevlânas Türbe, und immer wieder das Mausoleum selbst, dessen um den Hof geordnete Zellen später in ein kleines Museum umgewandelt werden solten: jetzt lebte noch der uralte Mehmet Dede darin, der von Atatürk besondere Erlaubnis erhalten hatte, in seiner alten Zelle zu bleiben. Die Bibliothek des Mausoleums barg

Schätze, und in der großen Küche konnte man sich vorstellen, wie die jungen Leute, die Mevlevi werden wollten, 1001 Tag Küchendienste verrichten mußten, Stufe um Stufe aufsteigend, wobei sie gleichzeitig die Verse des *Mathnavi* studieren, in Musik unterwiesen wurden und den Wirbeltanz lernen mußten. Wir sahen auch dies: im Holzboden streckten große Nägel, deren einen der Adept zwischen die beiden ersten Zehen des rechten Fußes steckte und dann, in täglich zunehmendem Maße, sich um die eigene Achse im Dreivierteltakt drehte – bis er imstande war, die sich lange hinziehende Zeremonie ohne Schwindelgefühl durchzuhalten und beim Aufhören der Musik sofort wieder unbeweglich an seinem Platz zu stehen.

Am dritten Tag war das eigentliche Fest: Der Kinosaal, in dem wir uns versammelten, war übervoll, Honoratioren waren aus Istanbul und Ankara gekommen, so der damalige Kultusminister Tevfik Ileri mit seiner Frau und Samiha Ayverdi, und ich war aufgeregt, die Festrede über Mevlânas Einfluß auf westliche Literaturen halten zu müssen (oder dürfen). Alles ging gut (es war mein achter Vortrag in drei Tagen), und dann begann der Reigen: Hafiz Sabri sang das Prophetenloblied, mit dem jeder *sema* eingeleitet wird, und nach der dreifachen Umkreisung warfen die Derwische ihre schwarzen Übermäntel ab und erschienen in ihren weißen Tanzgewändern, die sich im Wirbeltanz fast waagerecht ausbreiteten. Der eine war in wirklicher Ekstase, sich in unvorstellbarem Tempo drehend, andere gaben sich völlig dem Rhythmus der Trommeln, kleinen Violinen und Rohrflöten hin, bis jene – nicht immer – gesungene türkische Schlußzeile erklang *Dinle sözümü* ..., ein Vers, in dem in immer rascherem Tempos der *sema* als Seelenspeise gepriesen wird... Dann plötzlicher Schluß; die Derwische warfen die schwarzen Mäntel um, kehrten gewissermaßen aus dem lichvollen Auferstehungsleib wieder zur Erde zurück, und sprachen das gemeinsame Gebet, immer endend mit dem tiefen *Hu*, „Er.“

Vor Mevlânas Mausoleum, im Vordergrund Bahir Bey, einer der Mevlevis (18. 12. 1954)

Wir verstanden, daß Rückert recht hatte, wenn er eines seiner schönsten Rumi-Gedichte mit dem Vers schließt:

Wer die Kraft des Reigens kennet, lebt in Gott,
Denn er weiß, wie Liebe tötet – Allah Hu!

Und wir schliefen in dieser Nacht kaum ...

Am nächsten Morgen, als wir gerade abreisen wollten, wurden wir nochmals ins Mausoleum gebeten, wo der Reigen gefilmt werden sollte: zum ersten (und einzigen) Mal seit 1925. Wir wurden freudig begrüßt, und meine Rede vom Vortag brachte mir viele Hand- und andere Küsse ein; selbst der uralte Mehmet Dede schloß mich in die Arme, was mich tief rührte. Und dann noch einmal der Reigen an der Stelle, wo er eigentlich hingehört ... Doch der Film wurde durch ein merkwürdiges Mißgeschick zerstört.

Wir wurden im Omnibus der Abgeordneten nach Ankara mitgenommen, und von jener Zeit an gehörte ich in gewisser Weise zu den Mevlevis, sah den Reigen wieder und wieder (und bemerkte auch bekümmert, daß die alten Sitten nicht mehr so streng gepflegt werden); denn wer den Reigen nur als „Sufi-Tanz" lernt, ihn ohne jene Jahre der Unterweisung in der Auslegung des *Mathnavi*, ohne Kenntnis der Originalsprache, ohne das „Gekochtwerden" von 1001 Tagen ausführt, dem wird doch eine Dimension dieses Rituals verschlossen bleiben, das nicht Mevlâna selbst, sondern sein Sohn und zweiter Nachfolger, Sultan Yeled, organisiert hat. Und trotzdem entzückte und entzückt mich die Musik, das wunderbar aufgebaute Kunstwerk immer von neuem, und wenn Kani Karacas gewaltige Stimme das Prophetenloblied singt, sind die alten Tage von Konya und Ankara wieder ganz lebendig.

Im Laufe der nächsten Jahre wurde das Museum in der Yeşil Türbe verschönert, erweitert, die seldschukischen Bauten repariert, so daß Konya dank den Aktivitäten Mehmet Önders immer anziehender wurde. Für uns blieb es der Ort, wo man nicht nur Mevlâna besuchen konnte, sondern auch bei dem Grab seines mystischen Freundes und ersten Inspirators, Şemş-i Tabrizi, anhielt; daneben lag ein alter Brunnen, in den, wie berichtet wird, die eifersüchtigen Jünger Mevlânas Şems geworfen haben sollen, nachdem sie ihn in einer Dezembernacht aus dem Hause Mevlânas (dessen Lage bekannt ist) gerufen und getötet hatten. Ein großes Grab, mit eilig darübergestrichenem Gips aus der Seldschukenzeit, entdeckte Mehmet Önder bei Reparaturarbeiten dort, und so wurde die oft als Fabel ausgelegte Geschichte verifiziert. Ja, man mußte dieses Mausoleum besuchen, sonst würde der reizbare, überwältigende Şems ärgerlich werden ...

Manchmal besuchten wir auch das Grab eines anderen Zeitgenossen Mevlânas. Das war Sadreddin Konavi, der kurz nach ihm, 1274, starb, Stiefsohn und Kommentator des aus Spanien gebürtigen Ibn Arabi, der 1240 in Damaskus starb und dessen gewaltiges theosophisches System die islamische Mystik bis heute beeinflußt hat. Mevlâna zog die leidenschaftliche Musik, die Liebe, dem systematischen Gedankenbau seines Konyaer Nachbarn vor – schlägt nicht die Liebe den Verstand mit der Keule auf den Kopf, so daß er dann dasitzt und Laute spielt? Aber die beiden Männer waren trotzdem in Freundschaft verbunden, und manchmal meint man im *Mathnavi* ein Echo von Gesprächen der beiden Mystiker zu hören. Sadreddins Grab ist offen, dem Wind und der Sonne ausgesetzt, und nur wenige erweisen ihm die Ehre eines Besuchs.

Doch Konya hat noch andere Facetten. Die köstliche Küche der Stadt zu rühmen wäre ein ganzes Buch wert, ob es nun Fleischgerichte oder Süßspeisen waren, und unsere Konyaer Freunde fanden immer neue Köstlichkeiten, um die aus dem schlecht versorgten Ankara kommenden Freunde zu verwöhnen.

Es gab Gärten, in denen man einen kühlen Abend verbringen konnte; in Meram stand damals noch das Wasserrad, dessen Klang Mevlâna zu Gedichten angeregt hatte, und eine Fahrt mit einer der lustigen, bunten Pferdedroschken war immer ein Vergnügen. Aber ein besonderer Anziehungspunkt war ein altes, baufällig wirkendes Haus mitten in der Altstadt. Wenn das anmutige junge Hausmädchen in seinen dunkelblauen weiten Hosen die schwere Tür öffnete, war man sofort verzaubert, denn jede Ecke, jede Wand war bedeckt mit Gebetsteppichen, und das kleine Zimmer, in dem wir zu sitzen pflegten, enthielt sicher ein Dutzend feinster anatolischer Teppiche: da war der Ladik mit dem typischen Motiv von drei oder fünf Tulpen an der Schmalseite des – meist rotgrundigen – Mittelfeldes, hier ein feingeknüpfter dunkler Gördes, dort ein gelblicher Kula mit nicht weniger als 19 verschiedenen schmalen Randbordüren; dort wird ein Gebetsteppich, in dem nicht nur, wie häufig, eine Moscheelampe dargestellt war, sondern auch die zur Waschung nötigen spitztülligen Kannen. Wie hieß doch das Rätsel, dessen Auflösung „Teppich“ lautet? „Alle Arten Blumen wachsen, deren Wurzel ich in der Hand halte.“

Izzet Koyunoğlu, der Besitzer dieser Schätze, wußte über jedes Stück etwas zu erzählen. Der Eisenofen, dessen Rohr durch dieses Zimmer ging, glühte an kalten Winterabenden, und ich stand immer Ängste aus, wenn ich an das völlig ungesicherte Gebäude aus Holz und Lehm dachte, das von einem Funken hätte zerstört werden können.

Während der Kaffee gebracht wurde, griff Izzet Bey in einen Bücherschrank: „Das sind nur einige besonders hübsche Sachen“, sagte er und reichte mir eine Handschrift des türkischen *Divan* des özbekischen Fürsten Ubaidi, dann ein Inventar der Ausgaben bei der Hochzeit einer osmanischen Sultanstochter, dann wieder Werke über byzantinische Musik oder eine persische Handschrift mit Miniaturen: seine Sammlung umfaßte, wie er sagte, 10000 arabische, persische und türkische Manuskripte, darunter Autographen berühmter Literaten, und prächtige Kalligraphien.

Aus einem anderen Schrank quollen Rosenkränze von unvergleichlicher Schönheit – dieser aus Bergkristall, jener aus Koralle, hier ein schlichter brauner aus edlem Holz, dort einer aus Kamelzähnen; Türkise und Achate waren darunter und andere Gebetsketten aus großen mattschimmernden Perlmutterkugeln, aus glattem Elfenbein oder aus dornigen Früchten ... man konnte sich nicht sattsehen und dachte daran, durch wessen Hände die Schnüre wohl geglitten sein mochten, welche Lippen die 99 schönsten Namen Gottes gemurmelt, die Formeln des Glaubensbekenntnisses oder des Segens über den Propheten gezählt hatten.

Eine diamantene Helmzier blitzte im Dunkel des Nachbarraumes; gebogene Säbel, damaszierte Schwerter lehnten in den Ecken, Stickereien auf Leinen und Seide, hauchzarte Blütengärten auf leichten Baumwolltüchern gestickt, schwere golddurchwirkte Samte aus Bursa, Batisttücher, die unter der Last der schweren Goldstickerei zerrissen waren, lagen unter einem weißen Leinentuch; und manchmal, wenn wir mit Freunden bei Izzet Bey saßen, durfte ich eines der farbenprächtigen alten Kostüme anziehen: helle Seidenhosen und violette oder rote Samtmäntel oder Jäckchen mit Goldstickerei, gestreifte oder rosendurchwirkte Seidenmäntel ...

Und wenn ich schweren Herzens wieder in europäisch nüchterne Kleider zurückgekehrt war, gab es wieder andere Dinge zu sehen, persische Silbervasen, Schalen und Vasen aus Iznik, dem Zentrum klassischer osmanischer Porzellane, und wieder neue Manuskripte. Und manchmal kam auch ein Stück rechten europäischen Kitsches zum Vorschein ...

Amerikanische Sammler hatten Izzet Bey, der diese Schätze in Jahrzehnten seiner Tätigkeit als Eisenbahninspekteur in ganz

Anatolien gesammelt hatte, bereits damals mehrere Millionen Dollar für sie geboten: Doch er hatte beschlossen, die Schätze seiner Heimatstadt Konya zu überlassen, unter der Bedingung, daß ein würdiges Museum erbaut würde – noch warten wir darauf ...

Und wenn wir uns, berauscht von den schönen Dingen, dankend verabschiedeten, so gab es zum Abschied noch ein großes, ach so hartes Stück Zuckerwerk, das uns viel Segen bringen sollte.

Immer wieder rief dann die Pflicht zurück, klang die Karawanenglocke, denn im Zentrum von Mevlânas Dichtung steht der Gedanke der ständigen Bewegung, der Aufwärtsentwicklung, des niemals rastenden Aufstiegs in die Nähe der göttlichen Wirklichkeit, so wie er dann singt:

Unser Ruf ist wie die Karawanenglocke
Oder Donner, wenn die schwere Wolke zieht:
Wand'rer, lege nicht das Herz auf einen Rastort,
Daß du müde bist, wenn man dich weiter zieht!

Mevlânas Mausoleum im Winter, 1954

Worterklärungen

abdest — rituelle Waschung, die vor dem Ritualgebet und der Rezitation ebenso wie dem Berühren des Korans vorgenommen wird, sobald eine kleine Verunreinigung (Schlaf, Urinieren, Stuhlgang u. ä.) eingetreten ist; Wasser wird in die Nase gezogen,der Mund gespült, Gesicht und Vorderkopf, Arme und Füße werden gewaschen

abla — ältere Schwester, häufig von jüngeren Mädchen und Frauen verwendet, um Respekt zu zeigen

ağabey — (gesprochen abi) älterer Bruder, ebenso wie *abla* oft als Respektsbezeichnung

Aleviten — eine Splittergruppe der Schiiten, die hauptsächlich im östlichen Anatolien zu Hause sind

arzuhalci — Straßenschreiber, der Briefe und Anträge für die Analphabeten oder des Schriftverkehrs Unkundigen verfaßt

aşure — eine süßliche Speise aus Weizenschrot, Rosinen, Zucker und zahlreichen anderen Zutaten, die ursprünglich am Aschura-Tag. dem 10 Muharram (erster Monat des Mondjahres) zur Erinnerung an das letzte Mahl des Prophetenenkels Huseyn bereitet wurde: Huseyn und seine Familie und Freunde suchten alle Reste zusammen, um vor der entscheidenden Schlacht bei Kerbela, in der der Prophetenenkel den Tod fand, noch ein wenig zu essen: heute wird *aşure* wie eine gewöhnliche Süßspeise auch zu anderen Zeiten angeboten

ayran — Yoghurt mit etwas Wasser verdünnt, meist leicht gesalzen

bayram — „Fest“, das *Şeker Bayramı*, „Zuckerfest“, am Ende des Fastenmonats Ramazan, bei dem man sich gerne beschenkt, und das *Kurban Bayramı*, das Opferfest, während der Pilgerfahrt nach Mekka, wenn jeder Haushalt ein Schaf oder größeres Tier schlachten soll, womit auf das Opfer Abrahams hingewiesen wird, dem ein Hammel als Ersatz für seinen Sohn lsmail (im jüdisch-christlichen Bereich Isaak) vom Himmel gesandt wurde

Bey — „Herr“, Anrede für etwas Höherstehende; als der Ehemann meiner treuen Fatma seine Prüfung im Maschinenschreiben bestanden hatte, sprach sie von ihm nur noch als *Emin Bey*, nachdem er vorher *Emin Efendi* gewesen war

börek — eine Art Blätterteigpastete, mit den verschiedensten Farcen gefüllt

cacık — Yoghurt mit Gurken, Knoblauch und etwas Salz, erfrischend vor allem zu scharf gewürztem Fleisch

divan — Hoher Rat, Staatsrat, offlizielle oberste Verwaltung und ihre Büros: in der Literatur: Sammlung von Gedichten eines Dichters, nach dem Reimbuchstaben alphabetisch geordnet

doğuş — „Geburt“, spontan „geborenes“, inspiriertes Gedicht

dolma — gefüllte Weinblätter oder Kohlblätter, „gewickelte“ Speisen

dolmuş — Taxi, das wartet, bis es mit Kunden gefüllt ist, die das gleiche Ziel haben

ebru — marmoriertes Papier, eine seit Jahrhunderten im Orient übliche Art der Papierverschönerung, in der in kompliziertem Verfahren die verschiedensten Farb-Muster auf einer Gallertoberfläche geformt und auf das Blatt übertragen werden

evkaf — fromme Stiftungen: das Ministerium für Fromme Stiftungen verwaltet vor allem Moscheen und andere religiöse Bauten, die in früheren Zeiten als steuerfreie Stiftungen angelegt waren

evlâdlik — Adoptiv- oder Pflegekind, oft zur Unterstützung der Hausfrau und als Spielgefährte der Kinder ins Haus genommen

Fatiha — die erste Sure des Kurans, die im Islam ebenso häufig, ja wohl noch häufiger als das Vaterunser im Christentum rezitiert wird: man sagt Fatiha am Grabe, oder über Speisen, die dadurch gesegnet werden, und bei ungezählten anderen Anlässen

gazi — Glaubenskämpfer, auch als Titel für verdiente Feldherren

gecekondu — Häuser, die über Nacht (*gece*) ohne behördliche Genehmigung errichtet worden sind, sich aber im Laufe der Zeit zu Dauersiedlungen entwickelt haben; Ankara ist völlig davon umgeben

ghasel — Gedicht mit einem durchgehenden Reim, meist 7 bis 11 Verse lang; in der Regel ein Liebesgedicht, in dem irdische und/oder himmlische Liebe besungen wird: Ghaselen folgen strengen rethorischen Regeln und haben eine ziemlich festgelegte Bildersprache: daher werden sie von modernen Dichtern der arabisch-persisch-türkischen Welt heute als im Formalismus erstarrte Gedichte abgetan: im Deutschen ist die Form seit 1820 (Rückerts „Dschelaladdin Rumi-Ghaselen“) eingebürgert

hadis — (hadith) Wort des Propheten Muhammad, oder Bericht über seine Handlungen und Verhaltensweisen; der traditionelle Muslim versucht, sich möglichst eng an dem Vorbild des Propheten auszurichten, daher die Wichtigkeit der Hadis-Sammlungen, wie sie seit dem 9. Jahrhundert von den Frommen zusammengestellt worden sind

hala — Tante väterlicherseits

hanım — „Dame“, „Gnädige Frau“, dem Namen oder Titel nachgestellt

hazret — „Ehrwürdiger“, dem Namen oder Titel vorangestellt: *Hazret-i Mevlâna*; oder im Plural *Hazretleri* dem Namen nachgestellt: Emre Hazretleri

hilal — Neumond, die erste Mondsichel: da das islamische Jahr ein reines Mondjahr ist, kommt dem ersten Erscheinen der Mondsichel besondere Bedeutung zu

hoca — Herr, Meister, heute mehr als Anrede für Lehrer benutzt

iç köfte — eine stark gewürzte Hackfleischmasse, die in einen Mantel aus Weizenschrot, Pinienkernen und Gewürzen gehüllt wird und, wie ein Straußenei geformt, gebraten wird; typisch vor allem für Südanatolien und die syrische Welt

iftar — Fastenbrechen, die erste Mahlzeit, die während des Fastenmonats Ramazan nach Sonnenuntergang verzehrt wird: in der Regel bricht man das Fasten mit einer ungeraden Zahl Datteln und einem Schluck Wasser, verrichtet dann das Gebet, und widmet sich dann schließlich den Speisen: eine *iftar*-Einladung ist eine besondere Ehrung

Imam — Vorbeter, Leiter des gemeinschaftlichen Gebetes, religiöser Führer: *Imam-Hatip-Schulen* wurden 1940 nach einer Zeit des religionslosen Unterrichts gegründet um die Imame, vor allem ländlicher Gebiete, und die Prediger, die am Freitagnachmittag eine kurze Predigt in der Moschee halten, mit modernen Anschauungen vertraut zu machen, so daß sie nicht im engstirnigen Traditionalismus befangen blieben: mit einer solchen moderenen Ausbildung der Imame wurde ein ganz neuer Weg bestritten, die Lehrer für die *Imam-Hatip-Schule* wurden an der Ilâhiyat Facültesi in Ankara ausgebildet: heute gibt es 17 solcher Fakultäten

kalemdan — Federkasten, oft aus kostbarem Material, wie buntbemaltem Lack oder kunstvoll eingelegtem Metall: damit wurden die Rohrfeder, das Federmesserchen und oft auch das kleine Tinternfaß aufbewahrt oft schmücken Verse über die Schreibkunst oder poetische Anspielungen auf Buchstaben das *kalemdan*

kandil — „Leuchte“, „Lampe“; in den Nächten vor großen Festen, wie dem Geburtstag des Propheten am 12. Rabi ul-evvel, dem *mirac*, Himmelsreise des Propheten am 27. Recep, der *berat gecesi* (Nacht in der Mitte des achten Mondmonats, Şaban) u. a. werden die Minarets der Moscheen illuminiert: auch ein bestimmter sesambestreuter Kringel wird hergestellt: fromme Muslime fasten am Tage vor der Kandil-Nacht

Karagöz — Schattenspiel mit aus dünnem Leder gefertigten Figuren, bei denen die beiden Hauptcharaktere *Karagöz* und *Hacivat* sind; eine dreibändige Ausgabe von Karagöz-Spielen mit deutscher Übersetzung ist von Hellmut Ritter herausgegeben worden; sie gibt einen ausgezeichneten Einblick in die Wortspiele und Witze, die den besonderen Reiz dieses Volkstheaters ausmachen

kasida — ein langes Gedicht, mit *einem* durchgehenden Reim, in der Regel für Lobpreis des Fürsten, des Propheten oder Gottes verwendet

kaymakam	entspricht etwa dem Landrat
kebab	Rostbraten
kelim	gewebter Teppich
kibbe	ähnlich wie *iç köfte*, doch nicht in Eierform, sondern auf dem Backblech gebreitet
köfte	Fleischklößchen, meist in länglicher Form, aus Hackfleisch, scharf gewürzt und in Dutzenden von Variationen erhältlich
kufi/sch	die älteste Form der arabischen Schrift, die steil ist und keine Punktierung aufweist zunächst in erster Linie für die Koranmanuskripte verwendet war sie bis zum 13. Jahrhundert die bevorzugte Schriftform für Bau Inschriften und Epigraphie im allgemein; ihre Varanten – Flechtkufi, blühendes Kufi u. a. – sind von faszinierender Vielfalt und Schönheit; in strenger Abstraktion wird das quadratische Kufi für Dekorationen, vor allem durch Fliesen, verwendet
kuruş	Piaster, hundertster Teil einer türkischen Lira
lâle	Tulpe, die für die osmanische Kultur typische Blume; das *lâle devri*, Tulpenzeitalter, unserem Rokoko vergleichbar) währte von etwa 1700 bis 1730
Lodos	Südwestwind, der Istanbul warmes, oft schwüles Wetter bringt
Mathnavi	(Mesnevi) Gedicht in reimenden Doppelversen, für Erzählungen, Sagen und mystische Erbauungsliteratur; das *Mathnavi* par excellence ist das 26000 Verse umfassende persische Lehrgedicht Mevlâna Rumis
medrese	Hochschule, vor allem für die theologischen Wissenschaften
Mevlâna	„unser Herr". Ehrentitel Celaleddin Rumis (1207–1273)
Mevlevi	Angehöriger des von MevlânaRumis Sohn gegründeter Bruderschaft, die im Westen als tanzende Derwische bekannt sind; die Mevlevis haben eine wichtige Rolle im türkischen Kulturleben gespielt: ihr Meister, der Celebi, hatter das Recht, den neuen Sultan mit dem Schwert zu umgürten
mevlûd	Geburtstagsfeier vor allem des Propheten, und die für diese Feier verfaßten Gedichte, in denen das Leben des Propheten besungen wird; Mevlûd wird nicht nur am eigentlichen Geburtstag des Propheten am 12. Rabi uh-evvel (dritter Mondmonat) gefeiert, sondern auch am 40. Tag nach der Geburt eines Kindes oder nach einem Todesfall, als Jahrgedächtnis, zur Erfüllung eines Gelübdes usw.
mihrab	Gebetsnische in Moscheen, die die Richtung nach Mekka anzeigt
minbar	der Pedigtstuhl neben dem *mihrab*, der drei oder eine andere ungerade Zahl von Stufen hat; vom *minbar* aus hält der *hatip* am Freitag seine aus zwei Teilen bestehende Predigt

Muharram	erster Monat des islamischen Mondjahres; am 10. Muharram (damals 10. Oktober) 680 wurde der Prophetenenkel Huseyn in der Schlacht von Kerbela im Irak von Regierungstruppen getötet, seither ist der Muharram, vor allem für die Schiiten, ein Trauermonat
nasta'liq	in Iran entwickelte „hängende" Form der arabischen Schrift, auch in der Türkei und von den indischen Muslimen verwendet: wegen ihrer Eleganz wird diese Schriftart, die sich vor allem für das Kopieren von Dichtung eignet, als „Braut der Schriftarten" bezeichnet
oya	mit einer ganz feinen Nadel gehäkelte Spitzen, vor allem aus farbigen Blütenmotiven, die um das Kopftuch genäht werden; sie sind meist aus dünnen Seidenfäden, doch wechseln Motive und Qualität des Fadens je nach Landschaft
pekmez	eingedickter Traubensaft
Poyraz	in Istanbul vom Schwarzen Meer kommender kalter und meist klare Luft mit sich bringender Wind (=Boreas)
sema	„Hören", Fachbezeichnung für den Reigen der Derwische, der bei den Mevlevi strengen Regeln folgt; *sema rûha gıdadır*, der „Sema ist Speise für die Seele". sagt ein alter Spruch
sülüs	(thuluth) arabischer Schriftstil der Kursivschrift, vor allem in der Epigraphik seit dem späten 13. Jahrhundert verwendet
Sunniten	der größere Teil der Muslime, die sich als ahl *as-sunna wa'l-camaa*, bezeichnen, „diejenigen, die eher prophetischen Tradition, *sunna*, und der Gemeinschaft verbunden sind"; unter den Sunniten bestehen vier Rechtsschulen und eine große Anzahl theologischer Richtungen
sünnet	eigentlich sunna, d.h. überlieferte Tradition: in der Türkei die nicht im Koran vorgeschriebene, aber als unbedingt notwendig angesehene Berschneidung des Knaben
Şeker Bayrami	Zuckerfest, Fest des Fastenbrechens am Ende des Ramazan
Schiiten	*şiat Ali*, die „Partei Alis", die im Gegensatz zu den Sunniten, den Gedanken vertritt, daß nur Ali, der Vetter und Schwiegersohn des Propheten Muhammad, nach dem Tode des Propheten (632) zur Übernahme der Regierung geeignet und berechtigt gewesen sei und daß die Führung der Gemeinde auch weiterhin seinen Nachkommen zukommt; die Schiiten haben verschiedene Zweige: der bekannteste sind die Zwölferschiiten, welche die Reihe der Imame, geistlichen Führer, bis zum zwölften Imam fortführen, der aus der „Abwesenheit" die Gemeinde seit mehr als tausend Jahren geistig leitet: diese Form der Schia wurde 1501 von Ismail, dem Begründer der Safavidendynastie, in Iran als offizielle Religionsform eingeführt, wo sie bis heute gilt; die Verehrung Alis und seiner beiden Söhne, Hasan und vor allem des Märtyrers Huseyn, zeichnen die Schiiten aus

schönste Namen Gottes Dem Koran zufolge hat Gott „die schönsten Namen", die von „Der Barmherzige" bis zu „Der Geduldige" reichen und 99 verschiedene Aspekte des Schöpfers, Erhalters und Richters bezeichnen; muslimische Namen sind oft aus abd, „Sklave", und einem der schönsten Namen zusammengesetzt: Abd al-Karimuv, „Sklave des Großmütigen", Abd al-Ahad, „Sklave des Einen" usw.

tekke Konvent für Derwische, die Angehörigen einer mystischen Bruderschaft

teyze Tante mütterlicherseits

Thronvers Sura 2, Vers 256 (255) im Koran; ihm werden schützende Kräfte zugeschrieben, und man findet ihn an Bauten wie auf Schmuckstücken, in komplizierten kalligraphischen Bildern und schlichten Amuletten

tuğra das Handzeichen des Sultans das am Beginn einer Urkunde steht: die osmanische *tuğra* zeigt links zwei Ovale sowie drei senkrechte Striche, die entweder als die drei mittleren Finger oder aber als Erinnerung an die Roßschweif-Standarten des Herrschers erklärt werden; das Zeichnen der *tuğra* und ihre Ausschmückung mit den verschiedensten Motiven war eine wichtige und verantwortungsvolle Arbeit im kaiserlichen Büro; heute benutzt man das Wort oft im Sinne von „kunstvoll geschriebenes Schriftbild"

valide ehrfurchtsvolle Bezeichnung für die Mutter (eigentlich „Erzeugerin"): *valide sultan* war die Mutter des Herrschers; man erkundigt sich bei Höherstehenden nach dem Befinden der *valide hanim*, der „gnädigen Frau Mutter"

yayla Sommerwende im Bergland, auf die das Vieh getrieben wird

yali Villa, vor allem die großen, oft hölzernen Villen am Bosporus. die von großer architektonischer Schönheit und exquisiter Innenausstattung waren

yemeni leichtes, buntbedrucktes Kopftuch